教育成就未来

U0738647

教育成就未来

洪 兰 著

ZHEJIANG UNIVERSITY PRESS
浙江大学出版社

目录

第一部分

创新思维的学习力

公平竞争，不破坏征服

报纸报导有一成多的中学生体重过重，每五名小学一年级的新生中就有一人近视，表示学龄前就已经用眼过度了。以我们儿童的健康情形来说，在 1964 年时，台湾地区十岁儿童的平均体重是 23 公斤，到了 1994 年竟增加到 35 公斤，整整增加了一半。小小年纪就出现了脂肪肝、血管硬化的现象，真叫人忧心。上述这些毛病都不是先天基因上的原因，而是缺乏运动，这些孩子每周运动的时数竟不足两小时。

体育其实是很重要的，欧洲各国都很注重体育，尤其是德国。他们的学生放学后有各式各样的球类练习，每个乡镇都有运动场，周末则有村与村的比赛。父母都看到运动的重要性，都知道打球是团队活动，要求队员的配合和默契，可以锻炼孩子的品德。最重要的是，运动教孩子最基本的处世精神——"竞争"（compete），但不是"征服"（conquer）。

反观我们的孩子，没有绿地可以跑，没有运动场可以打球，虽然每年溺水的人这么多，我们的孩子还是没有游泳池可以学游泳。事实上，我们从来就没有重视过体育，从来不认为锻炼体魄有什么重要。我敢说，没有一个学生不曾遇过体育课被借去做别的事的情景。

发展体育并不一定要有很多的经费，但是一定要有"心"。如果有心，没有很多的钱，也可以做一些事。我曾在一个闷热的下午，看到一个小男孩在地铁旁边的绿地追逐一只小狗，孩子脸上的笑容是从心底漾上来的那种快乐，而他达到这种快乐的物质条件，其实只有很小的一块绿地和一只小狗而已。

现在青少年的忧郁症愈来愈严重，青少年动不动就闹自杀，如果能鼓励他们运动，会是很好的预防方式。习惯性的动作会抑制大脑管情绪的杏仁核的活化，使负面情绪不产生，这是为什么全心投入工作可以治疗失恋，运动会使人放松。可惜的是，我们的传统文化基本上是不赞成嬉戏的，我们要孩子读书，最好醒着的时间统统用来读书。我们只顾给他们填塞知识，忘了若拥有再多的知识，却失去健康，也是枉然。

礼、乐、射、御、书、数，古代就知道身心平衡的重要性。与其防堵青少年飚车、上网咖，不如推广体育，不但精力有正常的发泄管道，还可以让孩子很早就学会运动的精神，以公平竞争来处世，但不破坏征服。

2001 年 7 月

思考过的知识才能活用

我在念中学时，对孔子没什么好感，勉强背了些《论语》应付考试。近来发现教书时竟常引用孔子的话，例如"学而不思则罔，思而不学则殆"，自己颇为吃惊。

我在教神经语言学时，问学生："语言是活人所讲的话，如果讲这种语言的人都死了，这个语言也就失传了。那么，我们怎么能去追溯语言的起源，画出语言的族谱？"学生纷纷说，因为有文字，可以去比对语言中共享的字汇。我再问："一个语言中的字汇有几十万个，不可能逐一比对，那应该去比对哪些字呢？"这时，底下就沉默了。

其实，只要去想一下，混沌之初，人们所需要用的字一定是代表最基本的生活必需概念，如眼、耳、鼻、舌等人体器官；猪、牛、羊等已被人豢养的家畜；米、稻、麦等人类赖以维生的谷食；一、二、三等最基本的数的概念；父、母、兄、弟基本家庭的称谓等等所谓的"核心字"（core words）。一个源自于同一母群的语言，必然有相同的核心字，因为没有必要重新去创造已经有的名词。所以，比较这些核心字的异同，可以让我们追寻到这些语言的源头。

从语言的起源又可以找出民族的起源，例如欧洲的吉卜赛人，从语言的对比上，发现他们原来是印度北方的民族。其实不必从不同语言的对比，就从我们现在所说的语言中就可以看到这个核心字的现象。

我们现在说的语言多半是双音节字，但是想一想，我们现有单音节字其实都是跟基本生活沟通需求有关的，如前面所举的那些例子。但是因为人的发声器官所能发出的声音种类有限，单音节不足以代表外界的东西和我们心中想要表达的概念，所以中文就用声调的方式来增加词汇量，如妈、麻、马、骂，同一个音便代表了四个概念。但是即便如此，仍然不敷使用，所以双音节字便开始出现了。到了现在，三音节字，如洗衣机，更是到处可见。所以在我们每天所使用的语言上，便可以看到"核心字"的原则。

我们也可以从语言的变迁上感受到语言的生命力，因为它是活人所使用的沟通工具，反映出这个社会当时的生活形态，也就是所谓的文化。语言中包含了丰富的历史讯息，只看我们会不会动脑筋去挖宝而已。当知识各自为政时，需要花很多力气去记住，很多的空间去储存，但是一旦串联起来了，只要捻个头，整串便出来了。有组织的知识才是活的知识，才用得上。

或许我们应该减少一些上课的时数，多给孩子一些思考的时间。学而不思的学问是没有用的学问，孔子还是对的。

2001 年 11 月

学习不分"课内"或"课外"

有一位母亲面色凝重地跟我说，她的孩子只喜欢看课外书，不喜欢读课本，我惊讶地问："他功课不好吗？"母亲说："没有。"我说："这有什么关系呢？知识是相通的，课外书读多了，课本的东西不读也会，他喜欢读课外书，你喜欢成绩高，你们两人各得其所，为什么还要烦恼呢？"

阅读是教育的基石，所谓开卷有益，只要不是色情小说、暴力或怪力乱神的读物，孩子读什么，大人不应管太多。但是，仍有许多母亲反对孩子看"课外书"，仍然不了解知识其实是无所谓"课外"或"课内"的。课外书就是课本的鹰架，背景知识愈广，孩子愈容易接受课本所要传递的知识。

人的学习可以分为两种：教室中特意的学习（intentional learning）和生活中无意间的学习（incidental learning），这两种学习都很有效，但是用得最多的还是无意间的学习。格林爵士说得好："学校教育的目的不是在学到什么有用的东西，而是在培养人格和情操，教导正确的价值观和让学生交到好朋友。"王尔德也说："教育是件好事，但是请记住：许多值得学的东西是无法在学校里教的。"

某杂志发行人殷允芃也说："十八个月就淘汰一轮，假如我们仍然教给他死知识而不是活的求知方法，那么等他毕业进入社会时，这个知识早就落伍，被淘汰掉了。"

背景知识是许许多多无意间学习的累积。我儿子小的时候，我曾讲《西游记》的故事给他听，哄他睡觉。后来，他随我回台湾地区任教，住在阳明大学的宿舍中。我们的宿舍靠山，常有一些蛇、蜈蚣出没。有一天夜里，我做完实验带他回家时，赫然发现客厅有一只大蜈蚣，我儿子立刻大叫："妈妈，赶快去抓一只公鸡来！"但是台北哪里有活的公鸡呢？最后是请隔壁的教授来把它打死，我们才敢进门。

我一直很纳闷，儿子怎么知道鸡是蜈蚣的克星呢？这个谜一直到最近清理旧的录像带，看到一卷他三岁半时，我讲《西游记》给他听的带子，我才恍然大悟。我曾讲过三藏取经，师徒一行来到黄花观，那个道士是蜈蚣精，为了报仇，把剧毒塞在红枣中，泡茶给唐僧师徒解渴，结果唐僧、猪八戒、沙僧都中毒倒地，只有孙悟空看到道士的茶没有枣子，他便不喝，没有被害。这个道士腋下有1000只眼睛，他衣一脱、手一伸，变出一个金光罩，照得孙悟空睁不开眼，后来经过观音菩萨指点，请出昴日星官的母亲毗蓝婆菩萨来，她用她儿子在日眼里所炼的一根绣花针，一抛，破了这个金光罩，道士便倒地变成一尺长的蜈蚣。因为昴日星官的本相是公鸡，鸡能降服蜈蚣，所以收伏了这道士。想不到三岁半时无意间的学习过了十年，当情节恰当时，就跑了出来。

孩子是无时无刻不在学习的，我们为什么还要分课内学习和课外学习？只要他能快乐学习就好。

2001 年 12 月

适性发展，发挥所长

曾政承在韩国拿下了世界电玩游戏的冠军，引起我们教育界的轩然大波。CoCo在报上画了一幅极好的漫画，一位穿着"传统教育"字样的老者双手捂胸，胸上插了一支矛，哀叫着"我受伤了"，旁边站着一个拿盾牌的电玩武士。曾政承的确直捣传统教育的核心。因为传统教育是一元化的，是智育挂帅的，凡是不符合智育条件的都被编入放牛班或后段班，忍受父母、师长、同学异样的眼光。人天生各有所长，教育的目的应该是让每个人的长处得以发挥，而不是将所有人打压成一个模子。

一个游戏如果能非常吸引孩子，我们应该去了解它的长处，而不是一味禁止。我们曾做过一次电玩游戏和空间能力的研究，因为心理学上佛林效应（Flynn effect）指出，现代人的智力比前人高，但增强的不是语文能力而是空间能力，尤其是在瑞文氏测验的表现增强。我们很好奇，原以为电视会使孩子的语文能力增强，想不到并没有，因此特意拿出瑞文氏测验来看。

这是一个九宫格的矩阵，上面有八张图，第九格从缺。下面有八个答案，受试者必须很快从这八个答案中挑出最适合的填上去。

这个测验十分困难，大人做都不一定做得好，但有电玩经验的孩子就不同了。那些有 7 年以上电玩经验的孩子都能在 30 分钟内做完 36 题，正确率达到 98%；而没有打过电玩的控制组都无法做完，正确率只有 56%。

我们后来用眼动仪追踪打电玩的孩子眼球的移动来看他们解题的策略，结果发现他们眼睛移动的方式完全不一样：眼睛扫过九宫格后，心中似乎就有了底，眼睛飘到答案处只是在寻找他们要的图案，而不是像控制组的同学把答案一个个移上去和九宫格做比对。

我们不知道电玩游戏给了他们什么经验，但是我们知道他们从游戏中练就一身空间地图的推理能力。我曾经带我儿子去荣总地下室看核磁共振仪，荣总地下室七弯八拐像个迷魂阵。出来后，我们站在门外等出租车，我问他："你知道核磁共振仪在哪个方向吗？"他毫不迟疑地说："在喷水池下。"我非常惊骇。当初的确是为了怕汽车振动力过大，特意把仪器放到喷水池下，因为汽车不会从喷水池上经过。

我的孩子没有任何过人之处，他属于后段班，不过他爱打电玩。所以，与其把电玩看成洪水猛兽，不如训练孩子的自制力，允许他玩，只要他把功课做完，尊重他，让他学习管理自己时间的能力。

在这个多元化的社会里，我们应该培养孩子多元化的能力。行行出状元，只有出了学校以后的表现才是真正的表现。

2002 年 1 月

成功条件不在聪明，在人格特质

有人拿了一份补习班的宣传品给我，我看了非常吃惊。宣传品上面写道："愈聪明的人，记忆形成得愈早，那些智商超过180以上的天才儿童，都记得一岁以前的事情。有一个天才儿童记得他胎儿期的事，这表示愈聪明的脑愈早成熟，有智能的脑系统比同龄孩子的脑袋'醒来得早'……"

这段话完全没有科学根据，在神经科学上，没有任何证据指出聪明的人早期记忆比较好。事实上，我们很难记得三岁以前的事，因为大脑中处理记忆的海马回尚未发展完成，这是我们有"童年失忆症"的缘故。我们一般要到三四岁才会对童年生活有所记忆。除非对某件事有很大的情绪成分（惊吓、恐慌、哀伤等），例如目睹新生戏院大火、"九二一"地震，不然，童年的生活不会留下什么痕迹。

记忆的确与智能有关，因为各种测验都要用到记忆，但是真正的智能不是靠训练或补习就可以得到的。大脑的早熟也会使智慧早开窍，女生比男生成熟得早，所以小学的班长常是女生。但是大脑的早熟与以后的成就没有一定关系。我们不是有个成语叫"大器晚成"吗？更何况，成功的必要条件并不是聪明，而是毅力。一个成功的人不一定是最聪明的，却一定是最有毅力的，因为一分天才，九分努力。

从古今中外这么多成功人士的例子来看，成功的条件不在聪明智慧，而在人格特质，聪明只是使这条路好走一点而已。现在的父母拼命赚钱让孩子去上才艺班、补习班，要让孩子的智慧发展得更好，但是忽略了品德的培养与情操的提升，而这些正是我们所谓的人格特质。没有良好的人格特质，再聪明的孩子也不会成功。

不科学的说法到处可见，而且深入人心，随便翻开报纸就可以看到一大堆不科学的事情发生在我们日常生活中。最近，有人溜班回家，沐浴更衣，换上神明指定的颜色，某个吉时，从东南方去找签注站。乍听之下，你会以为活在中古世纪、民智未开的时代，而不是科学家在实验室复制人的21世纪。另一个不可思议的事是坊间流行指纹测脑纹，将孩子的十个手指纹输入计算机，计算机就分析孩子的脑纹，预测他将来有多聪明，可以念几个博士。出得起这个高价的父母也都是高级知识分子，但是指纹和脑纹是没有任何关系的（除了两者皆为独一无二），假如孩子少一根手指头，难道大脑也少一块吗？我们推行科学教育已经几十年了，看来还有很远的路要走。

2002 年 3 月

孩子本来就是独特的

　　我们有关神经发展方面的信息很缺乏，当孩子行为跟别人不一样时，父母不知道是自己管教上出了问题还是孩子大脑出了问题，那种求救无门的惊慌常让人看了很心酸。《心智地图》（2004年11月）这本书的出现可以说是及时雨，解开父母很多疑惑。

　　作者李文是小儿科医生，他将行医多年来所看到的问题以个案的方式详细呈现，让父母可以按图索骥，了解自己的孩子行为偏差的原因，作者同时附上治疗的方法，使父母可以DIY；最主要的是，他给父母一个正确的信念：孩子本来就是独特的，没有任何一个心智必须借由乞讨去争取原本就属于他的独特地位，父母必须懂得欣赏、尊重、肯定孩子的心智。

　　因为对神经发展的功能与差异不了解，大人常把孩子功课和行为上的偏差归因到懒惰、不上进、坏种（这是我所听到最伤人的话），而任意当众羞辱孩子。"利刃割体痕易合，恶语伤人恨难消"，我们的孩子在成长过程中，几乎都有被当众羞辱的经验，尤其是所谓后段班学生更是可怜，天天挨骂过日子。

　　多元智慧提倡了这么多年，父母、师长的心态仍是一元—智育而已。我们一直无法打造出理想的教育环境，让孩子适性发展，也没有正确的教育方针启发孩子的智慧。

而且知识一直在更新，孩子在学校学到的，将来出社会后可能都已过时而用不到了，现在逼他背那些死书是不必要的，如果他因此而对学习绝望，不再有兴趣，那么这个孩子就等于报废了，一个没有学习热忱的孩子是不会主动去追求新知的。如果我们不改变教育观念与执行方针，以后我们的孩子会没有竞争力。

李文医师透过个案，点出他对教育的很多理念。我很喜欢他的一个比喻：学校好像是个飞机场，学生犹如乘客，来自四面八方，有着各式各样不同的背景，学生进学校的目的就像乘客去搭飞机，欲启程往他人生的目的地。每个人的旅程不相同，因此他们的飞行计划也不同。有人频频转机，绕了一圈才到终点；有人搭的是直飞的班机，直接到达终点。这是个人的选择，当然也跟他的财力有关，直飞的班机通常比较贵，但是有时及早订位，也可买到便宜票。

如果能从这个观点来看孩子的一生，我们就不会对他苛求，因为机场只负责提供安全的飞机，不能强迫客人登机。乘客还是有主控权，我们不需打骂、强迫他登机，毕竟心不甘、情不愿上飞机，旅途也不会愉快；但是老师、父母可以描绘终点的景色，使孩子向往，鼓励他朝那个方向走去。

学校是一个提供孩子将来就业必备技能与品德的训练所，飞机愈新颖，设备愈好，孩子的旅途愈平稳，愈愉快。我们若能启动孩子的好奇心、向学心，那么这一路上，他会努力看窗外的奇山异水，欣赏到很多人间美景，不虚此行；如果我们失败了，那么他可能一登机就睡觉，一路睡到终点，浑浑噩噩地过一生。

我们若能认清教育的目的，就会同意学校应该是提供多重教育的地方，它应该提供长期的生根计划，而不是"急就章"的科学竞赛，以"为校争光"的大帽子，增加"好学生"与"坏学生"之间的差距。

学校应该以孩子个人的步调来设定学习目标，不公开批评学生的学习进度，将孩子分类，打入放牛班；最主要是学校要能提供老师和父母最新的神经发展的知识，因而使他们改变并接受新的教育理念。

例如，过去我们要求孩子语、英、数样样都好，现在从神经发展上已看到每个人大脑的功能特长是不一样的，孩子做不到样样好。因此，现在的教育理念是鼓励孩子去发展自己的长处，再带动短处的改善。

书里有很多新观念，很值得父母、老师好好地读，仔细地想，尤其第九章，如何帮孩子在学校中人缘变好、受到同学的喜爱。这对一天花八小时，在同一环境中、跟同一批人生活的孩子来说，实在是太重要了，想让同学喜欢，最重要的还是自尊与自爱。

父母很早就得教孩子"以财交者，财尽而交绝"这个道理，不可以用金钱去买友谊；孩子在学校学到的人际关系技巧，以后进入社会都用得到。

《心智地图》这本书，大人不但该看，甚至可以就个案中的情形跟孩子一起讨论，让孩子从同理心出发，学习人生技巧。

2004 年 12 月

一定要有标准答案吗?

回来教书转眼十多年了，虽然外面的大环境愈来愈开放，但是学生的视野还是没有打开，仍然缺少主见。如果问问题，学生一律是以课本上的答案为答案，不会添加自己的意思；如果继续追问他们自己怎么想，答案也是千篇一律——"跟课本一样。"这现象使我忧心，这种教育不是培养领袖的教育，它是培养应声虫、盲从的教育。

有一次，我和东元文教基金会的执行长周文德先生一起吃饭，他告诉我，他在宾夕法尼亚大学念书时，有一次老师课堂发问，因为他先预习了才去上课，知道答案，于是就举手回答。老师听了没有反应，只是继续问："你怎么知道的？"他很得意地说："书上说的。"他以为老师会称赞他很用功、有预习，想不到老师说："你作弊！"（You cheat）他大吃一惊。

"cheat"这个字很严重，如果在西部拓荒时代，凭着这句话就可以到外面去决斗，因为这是对人格的侮辱！他非常不解地坐下，看着老师把学生一个个叫起来问，才发现老师要的是基于书上给的资料你怎么想，你自己怎么认为。他说在整堂课里，他看到的是外国学生对着同样的数据滔滔不绝地发表自己的看法，他才了解老师为什么用"作弊"这个字眼——把别人的意见当做自己的，不就是剽窃、欺骗吗？

那堂课对他是个震撼教育，过去念书的方式不适用了，过去对上司唯唯诺诺的态度也不适用了，商业社会要的是创见、新意，就如老板说的："如果你什么都听我的、照我的话做，我为什么要花大钱请 MBA？我请个工读生去执行就可以了。"

在现今的社会里，最可贵的是脑力和独特的见解，而不是贯彻老板指令的人，因为有创见的人不能被取代，而执行者比比皆是。

周先生说那堂课使他脱胎换骨，了解到一个人若没有自己的见解，就没有存在的价值。我听了很感动，人之所以可贵就在于每个人都不一样、有不同的看法，这个自己的见解其实是自尊的来源。

2005 年 2 月号的《科学人》(*Scientific American*)杂志有一篇检讨美国加州 15 年来大力推动学生自尊运动的成果，结果发现花了很多钱，一点效果都没有。人为的提高学生自尊（如空洞的赞美、降低考试难度等）并无法使青少年犯罪率下降，也不能防止行为偏差，更对毒品泛滥、未婚怀孕无效，反而牺牲掉以后学业的表现。空洞的赞美是虚伪，我们都不喜欢虚伪的人，孩子尤其想知道你是不是真心，当每个人都得甲时，甲就没有意义了。

在考试挂帅的升学主义下，要培养孩子的创意很困难，标准答案尤其是创意的刽子手，但这是一条必须走的路，就算披荆斩棘也必须要做！如果不打破标准答案的心态，我们在创意上不可能提升，会没有前途。

2005 年 4 月

有多少孩子因为我们的无知，黯淡一生

一位朋友的孩子因恐惧上学而常逃学，后因自杀，在医院中才被诊断出来为失读症（dyslexia）。她一夜之间老了许多，看到我，抱着我痛哭，她说她哭的不是这个病，而是她冤枉了孩子这么多年。她一直以为孩子是懒惰、不长进的废物，不知道原来是生病。我听了很感慨。

也曾有个校长在退休后，才知道什么是妥瑞氏症。他一直以为是孩子坏，上课故意出声音、骂脏话、做怪动作，不知道原来是基因的关系。他很后悔打了孩子20年，但人生不能逆转，后悔已莫及了。

大脑跟学习有很大的关系，美国国家科学基金会（NSF）最近花了9000万美元设了四个国家型脑与学习中心，用磁振造影（MRI）来探讨有效的学习方式，尤其用DTI（diffusion tensor imaging）来看大脑神经连接的情形。智能的定义现已变为神经连接的密度和方式，效率（efficiency）是知道该怎么做（doing things right），效果（effectiveness）是知道什么是正确的事（doing the right things）。前者是有能力，不浪费时间与精力去达成目的，是神经连接的方式；后者是有知识，知道该怎么做才能迅速产生预期效果，是神经连接的密度。学习要事半功倍，必须知道大脑的运作。

近年来最大的突破是知道先天（基因）与后天（环境）是个交互作用，基因决定某个行为的出现，而这个行为回过头来改变大脑神经回路的连接。从脑造影图片中看到，即使是同卵双胞胎，基因相同，大脑结构相同，他们在做同一件事时，大脑活化的神经回路也不同，因为他们后天的经验不同。后天经验正是我们教育可以着力的地方，我们的态度对孩子有决定性的影响。不知道有多少孩子因为我们的无知，黯淡地过了一生。

1885年就知道有妥瑞氏症（即所谓骂脏话的侯爵夫人），失读症则跟我们的染色体2、3、6、15、18有关，许多名人也有阅读障碍，如丘吉尔、洛克菲勒、爱迪生、爱因斯坦、汤姆·克鲁斯，但都不因此而减少他们对人类文明的贡献。

其实中国历史上很早就有失读症的记载。南朝宋孝武帝时令群臣赋诗，沈庆之不会写字（史书说他"每恨手不知书，眼不识字"），只好对皇上说："臣不知书，请口授师伯。"皇帝便命颜师伯执笔，沈庆之口授："微生遇多幸，得逢时运昌，朽老筋力尽，徒步还南岗，辞荣此圣世，何愧张子房。"不会读、不会写，一样可以作诗，因为心智的启发不是只有视觉，其他管道也都可以。他敢自比作张良，可见自视极高，没有因自己不能读写而觉得低人一等。我们现在反而不及古人，不会读书，便连人都不是了。

现在流行的"四不一没有"：老师不会教，学生不快乐，家长不放心，当局不负责，毕业没头路。台湾当局什么时候能放下权力斗争，正眼看一下世界教育的趋势呢？

2006 年 4 月

戏剧和小说可启迪人心

生命教育推动了好几年，但仍每四天就有一个学生自杀，令人触目惊心。我一直在想，或许该从戏剧和小说着手，令学生心有感动，才会有效。

明代豫章无碍居士在《警世通言》的序中说："里中儿代庖而创其指，不呼痛，或怪之，曰：'吾倾从玄妙观听说《三国志》来，关云长刮骨疗毒，且谈笑自若，我何痛为？'夫能使里中儿顿有刮骨疗毒之勇，推此，说孝而孝，说忠而忠，说节义而节义。触性性通，触情情出。视彼切磋之彦，貌而不情，博雅之儒，文而丧质，所得竟未知孰膺而孰真也。"这段话把小说、戏剧对民心教化的影响说得极为透彻。

小孩子切到手本会哭，但刚刚在玄妙观听了说书的说关公刮骨疗毒，关公是民间崇拜景仰的英雄，小孩有样学样，关公刮骨还能谈笑，我切伤手又算什么呢？一想也就勇敢不哭了。这不哭是从心中感动而出的行为，不是板着面孔说教可以得到的。

以前教育不发达，绝大部分的人是文盲，但"忠孝节义"深入民心，一直是中华民族传统的价值观，就是因为有小说和戏剧的潜移默化，触性性通，触情情出，它的影响是深远的。小孩子最爱听说书，每每随着剧情起伏而喜怒哀乐，不知不觉受到感化。我小时候曾在茧桥底下听过"秦琼卖马"的说书，看到一文钱逼死英雄汉，便了解金钱的重要，不敢乱花钱，不知不觉就学到了节俭的美德。

看戏的感动更不用说了，小时候看"赵氏孤儿"，晋灵公时，屠岸贾杀了赵盾一家，连庄姬公主带孕逃入宫中生下的孤儿都不放过，对中国人"斩草除根"的残忍，印象非常深刻。我更对舍子的程婴及舍命的公孙杵臼敬佩得五体投地，那是"义"的最高表现："食君禄，死君事。"有了这种感动，就不会带着老板的客户跳槽了。剧中人含冤忍辱的勇气对年轻人也是最好的启示。

读历史的好处是以古鉴今，人性不会变，发生在古人身上的事也会发生在你我身上。知道有人受此冤屈却忍辱活下来，进而做出一番事业，你就不会觉得上天独对你不公，要以死来明志了。

更重要的是从书中学会做人做事的道理，《醒世恒言》中有个"十五贯戏言成巧祸"的故事。当屠夫的父亲跟女儿开玩笑说："我把你卖了十五贯铜钱。"女儿信以为真，寅夜逃走，因门未关，坏人娄阿鼠进来，看到十五贯钱谋财害命，却将罪推到逃走的女儿及同行的路人崔宁身上（故此剧又叫"错斩崔宁"）。我一生不开玩笑，就是看到一句戏言夺去三条人命的后果，这个效果比四书五经还要来得强。

人生观、价值观来自生活中一点一滴的潜移默化，不该用上课的方式去教，更不该去考。现在学生愈来愈会考试，却愈来愈不会做事，不如把一些上生命教育和公民课的时间释放出来，从戏剧和小说着手，让学生体会和感动，对他们的人生或许更受益。

2007 年 1 月

从史书中体会人生道理

一个朋友说，他们办公室有位同仁，去年被调到一个新成立的部门去做主管，在欢送会时，他志得意满地说了一些批评的话，把办公室每位同事都得罪了。想不到因为经济不景气，新部门裁并，他又调回了原来的部门。现在他看到同仁很尴尬，大家进出时也特意绕过他的座位，避免打招呼，所以后来他辞职了。

我想起父亲说的"人情留一线，日后好相见"。人无千日好，花无百日红，人生的路总是有起起伏伏，尤其社会这么小，在路上都会相遇，更何况同行见面的机会更多。纪晓岚说："得意时勿太快意，失意时勿太快口。"人应该要替自己留个退路。现在年轻人如果没有老人在旁教做人的道理，就一定要多读历史，从书中去体会人生的道理。

我以前看郑板桥写"难得糊涂"很不以为然，是就是，非就非，怎么可以和稀泥呢？后来年事渐长，慢慢了解人生有些事聪明在心即可，锋芒太露会招嫉，而且忠厚传家久，古有明训。

日本幕府的德川家康原来是出生于弱势的三河国，六岁被送往今川家当人质，在路上被人绑架，卖到他父亲的敌人织田信长家。

对方信上说:"弃绝今川,改从织田",不然就要杀掉孩子。他父亲说:"要杀便杀,岂能为儿子失信。"德川家康从六岁就被囚禁,他从小学会忍耐,可以忍人之所不能忍,别人再怎么挑衅,他都可以按兵不动,等时机成熟了,才一举出击,马到成功。

他从小看到兵器锐利固然重要,但是使用兵器的人更重要,他懂得收买人心,让别人为他效命。1582年武田胜赖战败切腹自杀,他的首级被辗转送到了德川家康的阵营。德川家康听到箱内装的是武田胜赖的首级,便立刻站起来行礼,然后召集部将很正式地祭拜武田胜赖,说:"这么年轻就壮志未酬,真令人惋惜。"他尊敬的态度和惋惜的话语立即传到武田的故国。在德川之前,武田的首级也传到了织田信长的阵营中,织田破口大骂,说他咎由自取。对照德川的厚道和织田的刻薄,武田的遗臣很快就做出抉择,全部投入德川的麾下,使他能快速壮大自己的声势,最后统一日本,结束战国时代。

忠厚是做人的根本,我们一定要教孩子不可刻薄,而且要能忍耐。德川家康平时看起来很傻,但是在紧要关头,他傻得很聪明。丰臣秀吉就说过:"家康很会装傻,他装傻的本事,你们没有一个人比得上。"德川家康曾经让人看不起,但是最后那些嘲笑他的人一一被他攻破,他被称为战国第一忍者。很可惜现在的年轻人不肯读史,所以无法从历史人物中学习外表糊涂、内心明白的郑板桥之道。

韩信曾经受漂母一饭之恩,秦琼也曾穷到卖马,但是他们都是汉、唐的开国英雄。石崇富可敌国,出门时锦屏五十里,最后还是弃尸东市。人生荣辱不可料，凡事心存厚道便好。或许，我们在开书单给学生读时，应该多放一些历史书，让年轻人以古鉴今，从古人的成败学习做人的道理。

2007 年 10 月

考试靠自己，不必钻轿底

从报纸的新闻看起来，现况是科学愈进步，人民愈迷信。报载虎尾一所中学，全校师生排队跪在操场迎接妈祖銮轿，还有学生钻轿底，高喊妈祖万岁，这种事由学校带头做，令人有不知今夕是何夕之感，我们竟是用迷信在教育下一代，教育主管部门怎么不出来讲话呢？

我们的民意代表表现得比一般老百姓更迷信，为了改运，请法师诵经，全体竞选干部长跪顶礼，以求逆中求胜。这种不问苍生问鬼神的新闻几乎每天都有，这是很可怕的事，因为上行下效，难怪庙宇一间比一间大，香火鼎盛，甚至有不踩风火轮而拿手榴弹和枪的三太子，说是神明托梦要拿手榴弹，凡事一说到是神明的意思，就没有人敢反对。这对社会非常不利，在位者可以挟神明以愚百姓，为所欲为。教育本来是要破除传统的愚昧和无知，怎么可以由上位者带头崇尚迷信呢？

人会迷信是因为人喜欢用熟悉的东西去解释不知其所以然的现象。人对未来都有恐惧，所以人会安土重迁，喜欢在熟悉的环境中生活，因为用最少的大脑资源就可以过一天。加上动物都有归因的本能，老鼠对新奇的东西只敢啃一小口，若是吃了以后，身体不舒服，它会立刻归因到刚刚吃的食物上，从此不敢再吃这种食物。

人是万物之灵，当然更有归因的能力，过去民智未开，不知道事情背后的道理，又因为我们的左脑前额叶对不合理的东西会耿耿于怀，一直在心中反复思索，不断去搜索各种可能的解释，直到可以完整解释出这个现象为止（这是闽南话"看到一个影，生出一个子"的原因，大脑为了要将事情合理化，添加头尾，一个孩子就生出来了）。

当实在无法解释时，老百姓就会把它归诸神力，"戏若做无路，就用神仙渡"，一切不合理的事，归因到神明的意思，是命中注定，在劫难逃，前世欠债，人就可以接受不公平的事实了。我们看到孩子身体不好，父母不去检讨是否补药吃太多，反而说命中带煞，要去庙里许愿诵经化解；事业不顺，不检讨自己做人做事的方法有无缺失，先去找算命的看是否冲撞到神明。

最近几年来，我们的知识分子太沉默了，容许执政者胡作非为之后，再去求神明保佑，领导人出巡必去各庙宇参拜，孩子有样学样，凡事不反求诸己，而去求神明。今天变成迷信之岛，你我都有责任。

埃塞俄比亚前皇帝塞拉西一世（Haile Selassie）说："在人类历史上，有能力行动却袖手旁观，知情者却三缄其口，正义之声在最迫切、最需要时，保持沉默，邪恶是因为人的不作为，方能伺机横行。"我们不能再做沉默的大众，必须挺身而出，告诉孩子，自助、人助、天助，造命者天，立命者我。考试靠自己，不必钻轿底。凡事有科学的解释，当人类都上了月球时，我们怎么还可以用迷信去教育下一代？

2008 年 4 月

会做梦的孩子有创意

暑假里很多同事都去岛外讲学或进修，我发现只要几个人聚在一起，话题一定会聊到学生的创造力上，因为跟其他地区的孩子比起来，我们的孩子资质绝对不差，但是不知道为什么，在创意上总是略逊一筹。只要给指令，我们的孩子做得又快又好，但是自己不会自动找事做，这些同事造访的国家不同，但是感慨却是相同。我一直在思索这个问题，因为21世纪是脑力竞赛的世纪，不会自己思考、创造，就只能做代工，难怪大家这么忧心。

前几天，一位朋友转寄一篇美国老师怎么教阅读的文章给我，看了心有戚戚焉。

这篇文章以灰姑娘的故事为例子，全班看完后，老师问："如果在午夜之时，仙度瑞拉没有及时跳上马车，她会怎么样？"学生踊跃回答："会变回灰姑娘。"

老师说："对，所以一定要守时，不守时会带给自己意想不到的麻烦。"

老师再问："如果你是仙度瑞拉的后母，你会不会阻止她去参加王子的舞会？"

学生想一下，说："会，因为我会想让我自己的女儿做王后。"

老师说："是，所以每一件事都有正反面，而且一个人做一件事，背后都有原因，凡事要去想背后的原因，不要只看表面，还要从别人的角度来看，穿上别人的鞋子，你就知道当事人的感觉了。"

老师问："仙度瑞拉被关起来了，钥匙被放进后母的口袋中了，为什么她逃得出来？"学生说："因为老鼠帮她偷钥匙出来。"

老师问："老鼠这么小，怎么办得到？"

学生答："因为三只老鼠一起帮忙。"

老师说："所以不必怕自己力气小做不到，众志成城，大家一起做就办得到了。"

老师问："老鼠为什么愿意替仙度瑞拉冒生命危险呢？"

学生答："因为她平日对它们很好。"

老师说："所以人先要对朋友好，朋友才会对你好，我们都需要朋友的帮忙，仙度瑞拉能够参加舞会，是受到了很多人的帮忙，不是吗？想想看，如果你临时有急事，而爸妈不在家，你有多少朋友是可以开口请他们帮忙的？如果没有，就要加把劲了，有谁可以告诉我朋友的重要性？"

学生纷纷举手。

最后老师问："这个故事有什么不合理的地方吗？"

学生想了一下，说："当午夜钟响，魔法消失时，为什么玻璃鞋没有变回去？"

老师说："很好，很对，它不合理，那为什么这故事流传了几百年，全世界的孩子都爱看？"

学生答不出来。

老师说："因为故事不是事实，不受逻辑的规范，我们的梦也是没有逻辑的，不是吗？人可以做梦而且喜欢做梦，因为梦想带给我们快乐，有一天，或许梦想会成真。如果连梦都不会做，日子就很呆板、无聊了，不是吗？"

故事结束了，但是我们的感触还没有结束，台湾地区的孩子不是不会做梦，是不敢做梦，怕被骂胡思乱想、异想天开。要有创造力，先得废去标准答案，当思想有标准答案时，创意也就消失了。

2008 年 10 月

尊重带来自重自爱

因为经济不景气，飞机班次减少了许多，这次去美国开会，有好几位教授开完会后，要等到半夜才有班机，所以主办的教授便请我们去他家烤肉消磨永夜。在那里，我见识到了"尊重"的力量。

有一位瑞典教授因为保姆圣诞节休假，所以把五岁大的女儿带来开会，旅馆提供照顾小孩的服务，但她已经退房了，只好把女儿一起带来做客。小女孩是晚宴中唯一的孩子，没有玩伴，加上环境陌生，寸步不离地黏着妈妈。

这位瑞典教授研究的领域与我相似，我很想跟她请教，正在踌躇该怎么安排，谈话才不会被孩子打断时，她微笑地把孩子抱在腿上，跟孩子说："仔细听我们说话，等一下我们有问题要请你帮忙。"

我们每谈十分钟左右，她就抓着谈话的尾巴低头问怀中的女儿："你可以告诉我们×××是什么吗？"孩子很高兴地讲她所知道的，母亲微笑赞美："讲得真好。你不觉得我的女儿很聪明吗？她才五岁耶！"孩子兴奋得脸都红了，更加注意我们的谈话。

我们又接着谈正事，谈一会儿，她又把注意力拉到孩子身上，我突然发现这真是高招，把孩子变成局内人，让她参与谈话，她就不闹了。

人都喜欢被注意，有人向自己咨询请教时，感觉尤其好。孩子平日不肯安静听大人说话，是因为他觉得被冷落，很无聊。假如你能把孩子带进谈话之中，他是参与者，就不会感觉无聊了。

尤其找个孩子可以回答的题目问他，让他有机会表现，人是好为人师的，有人肯咨询他的意见，把他当大人看待、看重他，他会很高兴，很有面子，就会乖乖坐在妈妈腿上听大人说话了。这样做同时也教他谈话的艺术——轮流说，不是一人独白。

瑞典教授的做法，不但教了孩子在公众场合应有的态度和行为，也让孩子感受到被尊重。尊重是一种很奇妙的心理感觉，愈不被人尊重的人，愈希望人家尊重他。尊重会带来自重自爱。如果尊重他，孩子就会为了这份尊重，自我约束。很可惜我们的孩子在成长的过程中，很少感受到大人的尊重。

有一位客座教授的孩子在台湾地区读了一年的书，要回去时，我问他："两地教育最大的不同在哪里？"

这个三年级的小朋友想都不想，立刻回答"尊重"。他说，美国的老师尊重学生，会说"请"；这里的老师常用命令的口气，会用骂的方式跟学生说话。他的回答令人惊讶，但是仔细一想，他的观察还真有几分道理。父母和老师对孩子的看法，会决定这个孩子的前途，我们一定要学会尊重他人，包括孩子在内。

亨利·詹姆斯（Henry James）说："人灵魂最深的渴求是被了

解。"（The deepest hunger of human soul is to be understood.）教育孩子谈话的艺术是迈向了解的第一步。

2009 年 1 月

教育是最强大的力量

"九一一"事件九周年之前，美国一直酝酿着要焚烧《可兰经》，对这种会引起种族仇恨的事，我非常恐惧。

因为在历史上，最残忍的杀害是宗教迫害，最持久的战争是宗教战争。

其实"九一一"事件其来有自，美国自阿富汗撤兵后，没有帮助阿富汗人民重建家园，就这一点疏忽种下了 20 年后的大祸，因为当时整个阿富汗在美、俄两强武力决斗之后，到处是断壁残垣，没有一所学校和医院是完好的。

苏联曾经大肆轰炸阿富汗，想用这种方法来迫使阿富汗屈服，等苏联觉悟到打不赢时，阿富汗已经没有一块砖是完整的。

因此，在两强撤出的中空期间，伊朗和沙特阿拉伯的伊斯兰基本教义派就乘机在阿富汗成立了 10000 所伊斯兰学校，专门教导学生仇恨。

一年级的学生在学字母时，课本是这样教：J 是圣战（jihad）的 J，这是我们生命的目标；I 是以色列（Israel）的 I，它是我们的敌人；K 是卡拉希尼克夫步枪（Kalashinikor）的 K，它是帮助我们打赢敌人的武器；M 是伊斯兰圣战士（Mujahedeen）的 M，它是我们的英雄；T 是塔利班（Taliban）的 T。

这样的教育真是非常可怕，从孩子小学一年级就开始灌输"美国是最邪恶的撒旦"这种仇恨观念。

他们连数学课本的题目都是战争，阿富汗的小学生不是算苹果加梨子是多少，而是计算子弹和卡拉希尼克夫步枪。如"小欧马有 1 支卡拉希尼科夫步枪和 3 个弹匣，每个弹匣里有 20 发子弹，他用三分之一的子弹杀了 60 个不信教的人，那么每一颗子弹各杀几个不信教的人？"几百万个儿童接受像这样的课本内容，怎么会不发生"九一一"事件？

很多人不了解教育的重要性，不愿投资在教育上，其实教育才是最厉害的武器，因为教育能改变人的思想，而思想主导行为。

美国如果当时帮助阿富汗重建，替他们盖学校和医院的话，或许现在的教育情形就不会是这样。

有一位已退休的中学校长，给我看以前历史课本和现在的不同，他很担忧自从现在的课本历史上的典范人物都不再教了，孩子不识文天祥和岳飞，因为他们跟我们没关系。

他曾经请学生写出心目中代表"礼义廉耻"的四个人物，结果大部分的学生都写不出来。他沉痛地说："礼义廉耻是国之四维，学生连一个典范人物都不知道时，社会要怎么走？未来在哪里？"我看着他老泪纵横，心中也非常感慨，没有给孩子人生的典范、生活的目标、生命的意义，能怪他们为了一部手机就去出卖身体，或所学非所用地去做展场女郎（show girl）吗？

英国的格林爵士说得好:"学校教育的目的不是学到什么有用的东西,而是培养人格和情操,教导正确的价值观和让学生交到好朋友。"我们现在教育的方式完全跟教育理念背道而驰。既然掌握教育就掌握了国家命脉,为什么还不把所有的资源投入教育呢?

2010 年 10 月

自卑的人，才需要伤害他人

校园霸凌事件接连发生，手段之残忍，令人震惊，孟子所谓人皆有的恻隐之心，在这些孩子身上竟然都没有了。

在亡羊补牢之余，我们真正该追究的应该是为什么这些孩子会以虐待人为乐，对于别人的痛苦完全无动于衷，并且心中充满了恨？

我们的教育一直是威权制，常不给孩子申诉机会，动不动就骂孩子是猪、打孩子耳光，用各种方式践踏孩子的自尊心。

我们不了解一个没有自尊的人是不会去尊重他人的，自尊心是孩子最珍贵的资产，不可随意剥夺。研究发现，愈自卑的人愈自大，自卑的人总觉得别人看不起他，他就欺侮别人来满足自己受伤的心。

其实自信来自同侪长期的肯定，要有真正拿得出来的能力才会有自信心。成就感不是礼物，别人不能送给你，必须自己实实在在去"赚"（earn it）来才行，每天对着镜子大叫三声"我最棒、我最好"，只是自欺欺人而已，不能建立自信。

我最近随着严长寿总裁的公益平台基金会去了一趟宜兰的不老部落，深感那个部落的人充满了快乐和自信，跟其他部落的人不一样。

细究起来，因为他们一切自给自足，不仰赖别人：熏室中挂满了溪中抓来的苦花鱼；谷仓中堆满了收成的小米；田地里长着有机蔬菜；山路上，公鸡昂首大步而行。他们砍竹子做墙，铺茅草做屋顶，楼梯是一根斜放的树干，上面用斧头砍出脚踏的地方，一切取之于自然。我们看到放种子的仓库盖在一棵树旁，因为种子怕潮，所以必须架高，那棵树的树干被砍成楼梯状，成为最天然的梯子。这种跟自然共生的生活形态，是在别的地方不曾看过的。

为我们解说的是一位泰雅族青年，澳洲留学回来后，回到山上寻找生存的价值。他说，第一次用手工方式挤出古法酿的小米酒时，部落老人眼泪都掉下来了，因为太久没有喝到这种酒（他们一开始用酒渣去喂鸡，结果鸡都醉倒在路旁）。他们的茅屋是由矮而高倾斜的，因为山风大，劲风会把屋顶掀起，只有顺着风向，由低到高顺势而为，才会长久。他们迁到这400公尺高的台地时，先看当地有什么植物，知道哪些植物是适合这块土地的，再去种植，他说，植物一定要适性栽培才会有收成。我听了很感慨，为什么父母反而不能看到这一点，一定要逆势操作，用补习、考试去扼杀孩子原来的天性呢？

我原来很好奇，为何他留了学还会回到山地来生活？但是看到青翠欲滴的高山，雨后山岚处处，很像陶渊明的武陵源，就觉得不必问了。

还有什么比在大自然中共生共存、自给自足、与世无争，更让人感受到人生的意义呢？

如果能够让孩子顺性发展，找到他天赋的能力，从心灵上使他成长，让他从自己身上找到生命的意义及存在的价值时，说不定霸凌会少一点。

2011 年 1 月

是谁扼杀了孩子的创意?

黄春明在《联合报》副刊上写了一篇短文,很有意思,看完你就知道我们学生的创造力到哪里去了。

小明问爷爷:"猫头鹰的另一半呢?",爷爷:"什么另一半?",小明:"鹰头猫啊",爷爷:"哪有什么鹰头猫?不要胡思乱想。"

小明:"爸爸,有没有鹰头猫?",爸爸:"哪有什么鹰头猫?",小明:"那为什么有猫头鹰?",爸爸:"去问你妈。"

小明:"妈妈,猫头鹰是不是有猫的头、老鹰的身体?",妈妈:"对",小明:"那么剩下的老鹰的头、猫的身体呢?",妈妈:"谁知道,这又不考,管它这么多,赶快去做功课。"

小明:"有一天猫头鹰碰到鹰头猫……",老师:"哪有鹰头猫?你脑子里净是这些有的没的,当老师的最怕你这种学生。唐诗背好了没?等一下你先背。"

一个孩子的好奇心就这样被扼杀了。想想,这是个多么有创意的孩子：猫的头、鹰的身体组成"猫头鹰"，那么剩下鹰的头、猫的身体呢？如果他是工厂经理，这工厂一定不会有任何浪费，原料买来用一半，另外一半到哪去了？马上追究。阿基师就懂得问："你的主菜是鱼片，那鱼头、鱼骨到哪儿去了？"

我常想，为什么功课好的人很少有创意？原来好学生的创意还未萌芽就被扼杀了。你看妈妈说："又不考，管它做什么"，父母心中是只有要考的才要念。难怪父母一听说12年教育不考试，就跳起来说："那孩子不念书了，怎么办？"摆明了念书是为考试，不考就不必念。大人助长孩子这种思想，能怪孩子会没有自动求知的好学精神吗？

老师更绝，威胁孩子，你要是再胡思乱想，等一下第一个叫你起来背书。不但不鼓励创意，还要惩罚。在这种环境之下，孩子的想象力如何发展得出来？

去年有位家长给我看她小学二年级女儿的考卷，"下列哪一种会长大？ 1.桃树 2.小草 3.种子"，我一看傻眼了，它们都会长大呀！结果标准答案是2.小草，因为课本上说"桃树会开花，小草会长大，种子会发芽"。你若以为这种题目是偶发事件，那你就错了。

1993年，我儿子回台念书，他的自然科考卷有一题，"'天气很冷'这句话是 1.观察 2.判断 3.推想"。在我看，这三个答案都可以，结果标准答案是1.观察。儿子回家跟我哭诉："我看到路人都缩着脖子在发抖，我看到池塘的水都结冰，为什么我不可以判断今天天气很冷？"我无言，只好跟他说："好汉不吃眼前亏，你怎么想，放在肚子里，不要讲出来，考试时，你要按照老师说的，免得挨打。"

我们的孩子都很聪明，挨一次打，学一次乖，识时务者为俊杰，马上就知道，我怎么想不重要，老师怎么想才重要。

问题是，一个孩子天生所具有的创造力与思考力是否就这样，一点一滴地流失了呢？

2012 年 4 月

多给孩子一点发呆的时间

　　《让天赋自由》的作者罗宾逊（Ken Robinson）在近期的著作《让创意自由》中提及，他与业界领袖座谈时，他们都抱怨学校教不出迫切需要的人才，但是当他请他们写出所需要的人才究竟需要具备什么样的条件时，竟然是能思考、有创意、有自信、能沟通、能写、能算、能分析数据，也能协助贯彻执行。这些条件其实就是大家熟知的 21 世纪的竞争力：创造力、人文素养、人际沟通、合作精神及解决实际问题的能力。

　　那么，为什么已经知道了，还是教不出来呢？他发现是做的方式不对，虽然全世界的政府都编列大笔预算在教育上，但是都朝减少课堂人数、缩小课程范围、加强主科项目着手，他们都犯了同样的错误：相信考试。罗宾逊说："考试制度阻碍了学校的发展，限制了老师选用适当教材的专业判断空间。"

　　罗宾森说得对，现在教育、企业和文化界都面临共同的挑战，而这挑战正因这三个领域之间毫无接触而日益严重，他认为解决之道在打好上游教育的基础。他说，教育原本应该带领我们从幼稚迈向成熟，并把激发创造力视为目标之一，但是正因对教育有这个憧憬，反而使我们看不清教育失职的地方。

教育本来应该是训练学生独立思考的能力，但是现在的学校却在训练考试能力。为了得到 100 分，学生投入大量的时间与精力去准备考试，无暇顾及人际关系，更不要说实际解决问题的能力，有孩子看到带皮的水果便不知所措。难怪许文龙先生说："考试把孩子考笨了。"

东方父母对分数的执着只能用"走火入魔"来形容，父母会因为孩子没有考到 100 分就叫他不要进这个家门，老师会少一分打一下，不管这张卷子题目出得好不好、能否实际反应出学生的学习程度。

教育其实不必考那么多，只要考必备的基本常识就够了，那些随时可以查得到的知识不必考，有一句谚语很好："告诉我，我会忘记；给我看，我会记得；让我做，我会了解。"不要考这么多试，便能把时间省下来让学生去思考，让他们有时间去解决问题。最近有个小学生发明了沥干厨余水分的工具，得了国际发明奖。他说，如果没有帮忙倒垃圾，他不会想到一小包垃圾为什么会这么重，打开看后，发现大部分是水，他利用离心力把水沥出去浇花，厨余去作堆肥，得到了这个奖。

多给老师一些教学的空间，多给孩子一点发呆的时间，创造力和想象力才可能出来，孩子才可能保持他敏锐的感触。毕加索说："每个孩子都是艺术家，问题是如何使他们在长大后，仍然是个艺术家。"所以，不要用考试考掉了他们的好奇心、尝试创作之心，如果学生所有时间都窝在教室里背书准备考试，创造力从何而出？

教育者应认清未来世界的需求，给孩子接触生活、解决问题的机会，不要再制造一批批肩不能挑、手不能提、四体不勤、五谷不分的学生了。

2011 年 8 月 2 日

关键时刻要跟着直觉走

有个已毕业的学生回来问我，他是否应该接受某个工作，因为这工作不在他生涯规划之内，但是条件很好，很有发展前景。我告诉他，人生要有弹性，如果锁定一定只能走某一条路，会错过很多机缘。有句话说："小事听你的脑，大事听你的心。"（Small things listen to your head, big things listen to your heart.）日常生活小事随便你计较，但是大事，要听从你的心，走直觉告诉你的路。

人生最大的痛苦是悔恨，一定要避免。如果有人向你借钱，你的理智说不可以，借了是肉包子打狗，有去无回；但是不借，你的良心会不安，那么还是借。借钱的原则是：如果你要他还，就不要借；如果你不要他还，就可以借。其实直觉的信任也是训练科学家的要件，科学不只是思考和逻辑而已。

苹果计算机的新执行长库克（Tim Cook）说："把最重要的决定交给直觉。"他还说："进入苹果从来不是我对自己的人生规划，但却是我所做过最好的决定。"当时苹果的情况很不好，有人问戴尔计算机的老板，怎样才可以救苹果，戴尔毫不犹疑地说："关掉它。"库克那时在康柏计算机工作，那是全世界最大的 PC 厂商，但是他跟乔布斯（Steve Jobs）只谈了五分钟就决定加入苹果。他的直觉告诉他，这是千载难逢的机会，可以跟世界一流的天才做事，有机会再造一个伟大的公司，所以他跟着他的直觉走，做了当时别人眼中的"笨蛋"，但是现在事实证明，他是对的。

最近社会在谈留住人才，其实留住人才最大的关键不在薪水，在如何说服人才，这是一个实现自己梦想和抱负的机会。台湾中正大学刚成立时，很多人放弃岛外的终身教职回来，在甘蔗田中，跟着林清江校长创立一所理想的大学，可见只要能绘出远景，薪水不是问题。美国研究发现，年薪超过五万美元，快乐和金钱就分了家，年薪百万跟年薪十万的快乐度差别不大。若是能替台湾地区的科技人才打造出理想的工作环境，让人才有机会发展抱负，他们会留下来。

这个远景也是我们现在要给大学生的。库克说："人生无法规划，却可以准备。"准备好了，机会就来了。幸运女神只敲准备好了的人的大门，人生很多事不能太执着，要懂得听自己心的声音。库克说："大的决定，我必须跳出工程师的思考模式，工程师的思考是不带感情的分析，计算成本效益，找出最合理的选项，但是人生不能斤斤计较，你必须放弃所谓的生涯规划，因为直觉就发生在当下，错过了这次机会，不会再有第二次。"

不停地学习，准备你自己，开放你的胸襟，接受机会给你的挑战，我想这是最好的生涯规划。

2011 年 9 月 23 日

效法乔布斯的不同凡想

一个学生问我："苹果的执行长乔布斯活着的时候，他的行事风格颇有争议，为什么他死了，反而引起国际注目，其程度不亚于前美国总统肯尼迪被刺杀？"

这是个好问题，人死了，恩怨就放下了，就能盖棺定论了。全世界哀悼乔布斯，因为他的创意和远见改变了世界；这个世界因为曾经有他，而变得不一样了。

乔布斯生在 1955 年，正是个人计算机、数字化开始的时代。在群雄并起中，他独特的地方在于他的产品是科技和人文的结合，他的苹果计算机从箱子里拿出来，插上电源，就可以使用，非常人性化。他说，科技与人文是一体的，米开朗基罗既会雕刻也会开采石材。乔布斯要求产品既简单又完美，主张简约是细腻的极致。他很自豪自己站在"科技"与"人文"的十字路口，他的科技产品也必须是艺术品，在那个时代，有这种坚持是不容易的。

他很有远见，早在别人之前，看到世界的趋势，他从不做市场调查。他说，大部分消费者不知道自己要什么。他主导市场，在消费者还不知道自己要什么之前，先把产品做出来，他不迁就市场。他的 iPhone 又轻又薄，像名片一样，很好携带，但是包含了很多现代生活上的功能，才上市没多久，就改变了很多人的生活方式，他的影响在未来会更显著，尤其在教育上。

他认为 iPhone 是减轻孩子书包重量最好的方式，学生透过手机直接上网后，就不必再背个大书包上学，台湾地区的老师也不必在校门口量书包的重量有没有超过学生体重的八分之一了。有位教授说，他看到实时信息对学习的重要性，现在学生若能好好利用 iPhone，可以大幅增加 IQ，因为他们可以随时随地上网，而这个实时的答案又可以触动下一步的思考。他说，他终于相信 IQ 是可以改变的了。最近有个研究报告说 IQ 像女人的衣服尺寸，时大时小，它不像人的眼睛，天生是什么颜色，就是什么。

乔布斯 2005 年在史丹佛大学毕业典礼的演讲是个经典，那时他已经知道自己得了癌症，来日无多，所以句句是肺腑之言。他告诉学生要求知若渴、放胆去闯，因为人生苦短，一不留心就过去了。古罗马的将军凯旋，游行时，背后都有个奴隶不停地喊"Memento mori"，提醒将军，勿忘人终有一死。

"生有涯"是人最大的遗憾，不幸的是，人总是等到死神在门边了，才领悟到这一点。所以我们不应该等学生进了大学才要他们去思考人生所为何来，应该早早让他们知道，人应该为这个世界留下贡献。

学生是可以被激励的，正如乔布斯所说："人可以完成不可能的任务，因为他不知道那是不可能的。"大学生除了不作弊、不抄袭、不逃课、不乱停脚踏车之外，还应该有使命感。人终有一死，但在死之前，至少要留下值得后人怀念的东西，以不虚此生。

2011 年 11 月 8 日

第二部分

决胜未来的脑实力

能适应新情境才是智慧

　　科学家以核磁共振的脑造影技术研究人脑的活动形态，发现小学生在念一个句子时，要动用到整个大脑的资源，而大学生在读同一个句子时，只有一小部分大脑亮了起来。这表示在做纯熟的事时，大脑只要一点点资源就可以了。

　　中国人常说"熟能生巧"，习惯了就不必花大脑资源。这个"重复"其实是人类学习的方式。比如说，一个开车的老手可以一边开车，一边聊天，不必花心思去转方向盘，打信号灯。但是一个生手刚上路时，却是手忙脚乱，惨不忍睹，一直要到他把开车的各个动作重复到习惯成自然时，他才可以跟别人一样把大脑的资源释放出来去做别的事。

　　重复也是快乐的本质。因为重复带来熟悉，熟悉带来安全感，安全感带来快乐。心理学上有一个很有趣的实验，强迫外国学生去判断喜不喜欢某个中国字。受试者通常会抗议，自己完全不认得中国字，如何去判断喜不喜欢。但是当他勉强坐在计算机前选择时，他的行为却是可预测的，因为假如在这个字出现前，先很短暂（30‰秒）地闪示一下，受试者虽然完全不自觉，但是他的大脑却看到了，这时，再出现这个中国字时，他会偏向选择喜欢，因为前面看过一次，熟悉度增加了他的喜好度。这也是广告为什么要一直重复的原因。

重复做一件事时，你会预先知道它的结果，大脑不必去准备惊奇出现时的应变行为，可以节省很多的能源，而且重复使得你的神经网络跑得很熟练，你可以轻而易举地完成这件事，它带给你快乐和自信，我们常看到精神病患者做简单的手工，它的治疗原理便在此。

但是很奇怪的是，人类一方面要重复做一件事，一方面又不安于现实，不停地要创新。我们一直在追求进步，一直在改造我们生存的世界。在改造中，我们失去了舒适的惯例和稳定，我们变得焦虑和忧郁，因为我们每天要应付新奇、不熟悉的挑战，我们的文明将我们从一个熟悉、舒适的生活方式推往另一个陌生的生活方式。

这个看似矛盾的现象如果从演化的观点来看是很合理的。人如果一直做重复的事，固然节省了脑力和体力，但是一旦环境改变时，就可能有死亡的后果，因为原来惯做的事已经不适合新的情境。但是假如一直在求变，那么环境改变时，可以立即适应新环境，就可以生存下去，不会被淘汰。

在 21 世纪，我们对智慧的定义已改为"在新的环境中适应新情境的能力"，这个"新"是求变，而这个"适应"正是重复。我们终于了解为什么世世代代都有人被骂为"故步自封"和"动摇国本"，因为它根本就是人类生存的两个基本条件，我们终于在大脑中看到了"老顽固"和"激进派"的生理机制。

2001 年 1 月

迷信社会应有科学态度

我们推行科普运动的人，常有很深的挫折感，虽然义务教育已经提升到九年，文盲人数也大幅减少，但是整个社会仍然是非常迷信。受过教育的民众仍然会相信报纸、电视上怪力乱神之事，如隔空抓药、穿红衣去上吊会变厉鬼来报仇等无稽之谈。

所谓科学的态度，最基本的精神就是"虚无假设"，对任何一个现象先假设它不存在，只有在实验推翻"虚无假设"时才承认它的存在。也就是说，假如说有"鬼"，在科学上必须证实鬼的存在，如看到鬼或摸到鬼，才能承认有鬼这件事，而且主张有鬼的人应负举证的责任，不然每个人都站出来乱讲会造成社会不安。

可叹的是我们都不了解这一点，也没有统计学上几率的概念，很多事都偏向迷信的解释。比如说，当你正要打电话给某个人，而那个人就打过来时，大多数人把它归因到"心有灵犀一点通"，而不会去想到几率。其实如果拿个本子记录电话次数，你会发现有很多次你打电话找他，他都不在，这个"不在"其实马上就推翻了"心有灵犀一点通"的假设。但是你的记忆并不会记得这件事，因为打电话找人，找不到是常态，你不会刻意去记它，但是一旦碰巧对上了，你就会很诧异，一个惊奇的事情会让人特别地去注意。

我们的大脑不停地在对外界事情做解释，因为我们对几率不熟悉，于是大脑就找一个可以接受的理由来解释这个巧合，你就认为你与他有缘分了。又好像搭飞机之前，很多人会忐忑不安，害怕飞机出事：一旦飞机平安降落，刚刚的不安立刻烟消云散；然一旦飞机失事了，先前的不安都成了预感，"我就知道这班飞机不能坐，一早起来就心神不宁！"人的这个特性加强了我们迷信的解释。

一般来说，知识的传播永远赶不上道听途说，这点非常令人不解，为什么人不容易被科学证据说服，却愿意相信江湖术士呢？这种不科学现象不仅我们如此，科学先进的欧美国家亦然。

1998年盖洛普民调中发现：有26%的美国人相信有心电感应；有47%的人相信有飞碟（UFO）；49%的人相信鬼可以附身。而英国也好不到哪去，爱伯丁大学心理系100周年纪念时，曾经在园游会中让与会的学生家长回答16个计算机问题，看看他们是适合做科学家还是诗人。结果发现有15%的人不知道太阳是恒星，24%的人不知道地球绕着太阳转一圈要一年，31%的人认为抗生素可以杀死滤过性病毒，69%的人认为我们只用到十分之一的大脑。

这些数字值得科学家放下实验，老师放下教鞭来想想，我们的科学教育哪里错了？为什么科学无法生根？在展开21世纪的教改前，恐怕应该先厘清这个问题。

2001年2月

失之毫厘，差之千里

在神经科学的研究报告上，我们看到一个很有启发性的现象，即先天的一丝差异却会造成后天巨大的不同。

例如，当大脑最初在发展分化时，皮质上如果有一个区域比别的区域早一点成熟，这一丁点的优势就使得它比较有能力去处理感觉管道（如视觉、听觉）送进来的讯息。因为处理有了经验，以后这类信息就归它处理，久了以后，自然而然就成了处理这类讯息的"专家"，这块皮质就成了大脑专司这个功能的区域了，这是大脑区域功能化的由来。

这个开始时些微的优势，竟能造成最后皮质功能上的截然不同。有人认为，有发展失常症的孩子是在大脑发育的初期，与正常人有一点点的不同，这些微的差异，造成了以后行为上的认知与落后。

他们说胎儿发展初期的偏离正常轨道，就好像从山坡上往河谷滚一个球，一旦偏离轨道之后，所经过的每一个十字路口都会造成这个孩子的路跟别人的路更不相同，所以当他最后到达终点时，很可能跟别人在外形上都不一样了。

　　想不到在大脑的发展上，竟让我看到了成语所谓"失之毫厘，差之千里"的现象，谁说大脑不是一个缩小的大千世界？

　　报纸曾刊登一篇报导：两个小学时坐在一起、功课不相上下的同班同学，就因联考时相差一分，一个上榜继续去念书，一个落榜离家去做学徒。四十年后，一个是旅美学人，回国讲学；一个是装潢师傅，耳朵因职业噪音而重听了。这两个人在发展开始时是很像的，但是这小小的一分造成了两人一生的分水岭，从此分道扬镳，人生的境遇完全不同。

　　生物界更是充满这些例子，我们跟泥土中线虫的 DNA 有 75% 相似，很多人不相信我们跟比针头还要小的线虫竟然会只有 25% 的差异。假如你能了解开始时一点点差异可以造成截然不同的结果，你就不会惊奇一脚可以踩死几千百万个的线虫，竟然是我们的远房表亲了。我们跟黑猩猩只有 1% 的 DNA 不同，但是我们上了月球，它们还住在树上。

　　在科学的竞争上，如果错过了一个时机，对手之间的差异就会立刻拉大，因为"前进"会开创新的契机，新契机会带来新的决策，新的决策会进入新的道路、新的境界。当别人都在前进时，原地踏步就是落后。

　　自五四运动以来，中国就在追赶外国。追了几十年，好不容易在生物科技方面可能与世界各国并驾齐驱、一较长短，但预算的搁置，经费的刁难，可能使我们这个先机又失去了。这个看似一点点的推迟，在科学上会造成巨大的差异。当别人都在飞奔时，我们可以坐等三个月再起步去追吗？科学的成就是全民的骄傲，不可以用政治的恩怨来牺牲中华民族的光荣。

2001 年 3 月

自知需要高度智慧

纽约有一栋摩天大楼的老板，每个月都为昂贵的电梯修理费所苦恼。因为摩天大楼很高，电梯不是一按就来，乘客往往等得不耐烦，一直连续按钮，所以电梯钮坏得很快。人们虽看见电梯钮已经亮了，还是要再单击才安心，好像别人按的都不算，非得自己的"魔术指"单击，电梯才会来。这个老板在电梯旁贴很多告示，都没有效，最后他贴出悬赏，若有人能使乘客改变习惯，给予厚赏。

结果一名心理学家在电梯门上装了一片大镜子，就轻易解决了问题。因为镜子使乘客看见自己的猴急样，只要一站到镜子前，立刻变有礼貌了，原先熙熙攘攘的人群，在镜子前都成了绅士、淑女，耐心地等待电梯，这就是镜子的妙用。

很多时候，人不是故意要做出某些恶形恶状，只是不知自己这样做是什么样子，苦于不自知而已。

我一直很好奇，演化为什么没有使人的眼睛分开生长，一个看外面，一个看自己呢？人的两只眼睛专门看别人，如果没有镜子，人是无法知道自己长得什么样子。这个"我"（self referent）是很晚才发展出来，婴儿要到两岁左右才会知道镜中人是自己，灵长类除了黑猩猩外，其他猴子都不知道镜中的动物是自己，可见自知需要很高的智慧。

有个实验非常有趣，实验者想知道寄生在别人窝里的小鸟，如何知道它自己是谁。像椋鸟（cowbird）专门把蛋下在麻雀窝，让麻雀替它孵蛋，但椋鸟长大了并不会以为自己是麻雀，还是去找椋鸟交配。它如何知道自己跟养父母不一样呢？康奈尔大学的实验者把刚孵出的椋鸟隔离长大，让它从来没有见过任何一只鸟，然后把一些小鸟的羽毛染色，另一些则保留原来颜色，等小鸟长到两个月大，再把两只成年椋鸟放进实验室，一只染了色，一只没染，结果发现小鸟喜欢跟自己一样颜色的大鸟在一起。这表示它会检视自己，知道自己的特征，在脑中形成样板模型（template），将其他的鸟与自己相比，产生我们看到的"物以类聚"现象。

这个实验很重要，让我们看到动物可以检视自己，知道自己是谁。演化虽然让我们的眼睛只能看见别人的刺，看不见自己的梁木，但人发明镜子弥补这项不足。或许当公仆看到自己的冷面孔时，服务态度会好一点。镜子，是人类最重要的发明，你说是不是？

2001 年 6 月

闲聊代表相互示好与结盟

　　《壹周刊》频频上新闻，为已经纷乱的社会制造更多火上加油的煽情事件。许多人对《壹周刊》的畅销颇为不解，自从黛安娜王妃被狗仔队追逐、出车祸过世后，大家对这些八卦报都是"过街老鼠，人人喊打"。为什么这种被人口诛笔伐的报纸还会有人买呢？这里面其实暗藏人性的玄机，因为八卦新闻除了满足一般人对名人私生活的好奇心之外，它还提供了许多闲聊的话题。

　　闲聊免不了说人长短、论人是非，的确令人深恶痛绝，但是几千年来圣人、家训的耳提面命都禁止不了人们舌头的搬弄是非。因为这个饶舌，其实是具有演化上生存的价值。人的闲聊（gossip）等于是动物的梳理（grooming）行为，它是示好、结盟的意思。灵长类的动物如黑猩猩、狒狒，每天要花五分之一的时间在相互梳理上。

　　原来，动物界中，凡是牙不尖、爪不利、跑不快的动物，都必须靠群居来自保。群居最大的问题在于沟通，如何使内部万众一心，对事情的看法一致是最困难的事，梳理就是为了沟通的目的而演化出来的。同时，要享受梳理，身体必须放松，身体一放松就不可能有戒备心。被梳理的猴子必须完全相信对方，才敢让它把自己的毛掀起来捉虱子。所以，梳理也变成亲疏关系、关爱眼神的指标。

有一个研究结果很有趣。实验者先把猴子紧急求救的声音录起来，等猴群在梳理时，把藏在草丛里的录音机大声地放出来。多数猴子听了并不十分在意，只是随便张望一下而已，但是在两个小时之内曾被这只猴子梳理过的猴子却站了起来，朝声音方向跑去，这表示了梳理绝不只是卫生习惯，而是结盟关系。就像人类的串门子一样，明明没有什么事，上得门来随便聊一聊——东家长，西家短，联络一下感情，下次有事时才好开口。

梳理另一个极重要的目的就是团结。每天见面的人，别人无法挑拨离间，因为谗言一对质就会被揭穿。但是，如果团体变太大、梳理不过来时，就会分裂。因为一旦无法沟通，谗言就会进来。谗言有个特性，你虽然不信它，它还是会在你心中生根。很快地，团体会出现不同的声音，不同的声音大了，就会分裂独立出去。更有趣的是，分裂出去的子群会不认原来的母群，珍古德的黑猩猩就有把原来母群一个个歼灭的纪录。

看到这种社会现象，以及八卦新闻的嗜血心态，实在很难想象我们已与黑猩猩分流了600万年之久，600万年的时光使人类登上了万物之灵的宝座，但是为什么我们还是处处在它们身上看到自己的影子呢？

2001 年 9 月

把握儿童情绪发展的大脑敏感期

"立法"主管部门曾想用"立法"的方式来强制执行孝道。这样的做法是否有效，我不知道，因为法律只能规范权利、义务，无法使人"诚于中，形于外"。（孔子不是说"不敬，何以别乎"吗？）最近科学上的一些研究成果对母性倒是有更进一步的了解。

研究发现，那些小时候常被母亲舔的小老鼠，长大后也是好母亲，也会去舔自己的孩子。它们的大脑对雌激素比较敏感，雌激素会增加老鼠脑中催产素感受体的数量。出生六天的小老鼠大脑中催产素会因母亲的舔抚而增加。催产素对哺乳类动物的性行为与社会行为都有关系，如果把药物打进母鼠大脑，使催产素感受体不能作用，原来非常关心子女的好妈妈就会因此对自己孩子不理不睬。

很重要的一点是，虽然雌激素会增加催产素，但是只有从小就享受到母爱的老鼠才会大量增加。母亲温柔的照顾会改变大脑对雌激素的敏感度。不过一只被生母忽略的小鼠，如果幸运地有一个爱护它的养母，那么它长大后也会是好妈妈。

另一项研究发现，114 名早产儿中，母亲抱孩子的时间、抚摸方式是两年后孩子情绪发展和社交行为的重要因素。那些被父母忽略的早产儿虽然也存活下来，但到两岁做测验时，出现了焦虑和退缩的不正常现象。

其实从猴子身上，我们很早就知道"有奶便是娘"这句话是不正确的：孩子要求的不只是温饱。科学家让小猴子一出生便与母亲隔离，单独在实验室长大，给小猴子一个绒布做的妈妈和一个铁丝网做的妈妈。绒布妈妈温暖，但铁丝网妈妈身上有奶瓶。科学家发现小猴子所有时间都黏在绒布妈妈的身上，只有肚子饿时才去铁丝网妈妈那儿吃奶，吃饱又立刻回到绒布妈妈怀里。冰冷母亲身上的奶瓶并不能吸引小猴子多停留一分钟，温暖与安全感才是孩子最渴望的。

上述这个实验最重要的是第二部分：被隔离长大的小猴子后来情绪发展和性行为都不正常，无法正常交配。当以人工授精方式使它们产生下一代时，它们竟会把亲生孩子虐待致死，令科学家震惊不已。科学让我们看到了所谓的天性其实有大脑的机制在内，先天（基因决定的大脑结构）和后天（经验形成的神经回路）紧密的交互作用，产生了我们所看到的心智和行为。

中国人说："种瓜得瓜，种豆得豆。"或许父母不要只拼命赚钱提升生活物质享受，应把时间精力花在孩子身上，给他温暖和安全感。底特律儿童医院的柴嘉尼医生认为，儿童情绪发展的大脑敏感期很短，窗口很快就关上了，关上后补救困难。只有后代子孙的成功才是我们真正的成功，我们不要舍本逐末，忘记生命的真正意义。

2002 年 2 月

突破窠臼，创造新的可能性

在台湾政治大学和台湾阳明大学学术合作的晚宴上，我听到了两方教授所讨论可以让学生互选的课程名单，心中很是感动。以前绝对不会想到一个以文、法为主的学校，和一个以医学生物科技为主的学校，会找到共同点联合起来上课。但是时代的改变，使生物科技的规范需要许多法律的知识。因此，法律和生物科技这两个看似不相干的领域，就突然变成互为表里的一体。

十年前，如果政大与阳明的学生要一起上课，只要想到那"天南地北"的空间距离，就会直觉地认为不可能。但如今地铁通车使得木栅和石牌的空间距离缩短，这个原来"不可能"的事情现在不但变成"可能"，并且事实上"可行"。因此，作为这个世纪的人，最重要的就是，如何保持开放的胸襟，使自己马上能看到新的可能出现。

人很容易落入自己思想的窠臼中，一旦习惯成自然后，即便有新的可能也看不到。这是为什么有创造力的人常是年轻、没有什么经验的小伙子，因为经验固然使我们驾轻就熟，减少大脑能量的消耗，但它也使我们的心态固定，减少弹性。所谓"老人的固执"或

"老狗不能学新把戏"，其实有大脑神经机制的原因。我们的心智（包括记忆、语言、思考）都是几千万个神经元联结所形成的神经回路，一个长期使用的神经回路，每个神经接触点的联结已经牢固了，不易松开再去和别人相连，但是一个尚未完全固定的接头是很容易接受别人的邀约的。

所谓"创造发明"是两个不相干的东西放在一起，找出一个新的用途，在神经上就是两个不同的神经回路接在一起，形成第三个新的回路。

过去，新进人员的录用都是以智力测验和学校成绩为准，后来发现很会考试的人常常联想力和创造力不高，因此，现在有些公司改用联想力测验，给你三个字，请你说出一个跟这三个字都有关的字来（例如，base、snow 和 dance，它们共同的字是 ball）。他们发现技术可以训练，知识可以学习，但是联想力没有办法教，必须靠平时累积的知识背景来帮助神经之间的连接，使一条神经回路的启动能带动其他与它有连接的回路，从而产生新的念头。所以，保持开放的胸襟，在 21 世纪的今天非常重要。

"苏武牧羊"中，匈奴的条件是"羝羊未乳，不得生随汉使归"。现在科技进步，牝鸡司晨已经做到了（打雄性荷尔蒙进去，母鸡就会啼），说不定有一天真的可以使公羊怀孕，苏武就可以回家了。这是一个没有什么是不可能的世纪，全看你如何去创造出自己的天地。

2002 年 4 月

谁说人是理性的？

2002 年的诺贝尔经济奖颁给心理学家卡尼曼（Daniel Kahneman），让心理学界很兴奋，因为心理学一向被看成"软"的科学，不像物理、化学那种"硬"科学，相同的程序就一定会得到相同的结果。人的变量太大，常常不按牌理出牌，使行为不可测。卡尼曼最大的贡献是找出了人们做决定的可能策略及影响这些策略的相关因素。

卡尼曼让我们看到人在决策时是不理性的，不会利用已知的或然率来做判断，常被自己过去经验所形成的偏见左右。例如，先给受试者看某位男士的描述（保守、谨慎、对政治与社会问题没兴趣），然后判断从一个有 30 个工程师及 70 个律师的俱乐部中抽到这个人的几率，结果受试者都高估了（90%），因为上述的描写与心目中工程师刻板印象相符，忽略了基本几率只有 30%。

股票经理人在预测隔天股市上升的几率时，也受到脑海中立即浮现记忆的影响，一个脑海中尚有股市上升鲜明记号的人会高估上扬的几率。卡尼曼问受试者："R 出现在英文字第一个字母位置的几率是否会比第三个位置的几率高？"约有三分之二的受试者会说因为字典是按头一个字母排列，脑海中一下子就浮现很多 R 开头的字，因此就认为第一个位置的较多，其实正好相反。

他又发现问问题的方式会影响人们的决策。在 600 人的小区中，防疫计划 A 可以拯救 200 人的性命，防疫计划 B 则会使三分之二的人死亡，哪一个计划好？结果，72% 的受试者选 A。但是如果把问题写成 A 计划会有 400 人死亡，B 计划会有三分之二的人死亡时，78% 的受试者又选了 B。这表示人们喜欢获益，不喜欢损失。他更发现人在找证据时，偏好找支持他想法的证据，对不支持的证据会"选择性地忽略"。

所以，人真的不是理性的动物，常落入自己所设的陷阱中。最近哈佛的实验甚至发现人不及猴子，猴子在发现刺激有 80% 的机会出现在右上角后，它会集中注意到右上角以得到最大报酬，而人却会为了错误的几率概念（即 A 已出现三次，下次应该是 B 了）而表现得不及猴子。虽然，我们在大脑中看到了从理性所在地的额叶到感性所在地边缘系统的神经回路是条小路，从感性往理性的神经回路是条大路，但这个生理证据不及卡尼曼一个简单的实验具有说服力。

卡尼曼的得奖代表科技整合的时代已经来临。台湾地区许多研究所还是坚持"非本科系不得报考"，使我们的学术挣脱不出旧有窠臼。科学建构需要在共同逻辑下形成系统化知识，从不同角度来看相同行为，不知什么时候才能敞开心胸接纳不同领域的人为同一目标努力。

2002 年 11 月

破解幻象与神迹

人的大脑有将外界事件合理化的倾向。一件事若是没有合理的解释，它会一直萦绕在心中，无法释怀。许多命案得以侦破，就是因为侦办的警察对某一环节觉得"不合理"，一直追究到水落石出为止。

这个"合理化"的需求也是许多民族的神话、宗教仪式的来源，尤其是后者。因为人类对自然界的不了解，所以古老的民族都有祭祀的仪式，以供品来换取上天的保佑。这些宗教仪式多半是重复性的动作，佐以有节奏的鼓声或单调的说话式唱歌（chanting），这些重复的节奏会带来心境的平静与喜悦，因此宗教成为心灵的寄托。

科学进步到 21 世纪，我们已经知道外界变化如地震等天灾的成因，也知道内心感受（如天人合一或灵魂出窍）的神经机制。因此，过去的迷信就只能作为民俗，不能作为信仰。最近脑造影及大脑诱发电位的研究发现，重复的规律性动作、声音与大脑掌管情绪的边缘系统有关，可以激发或压抑大脑皮质的活化。

这个实验的做法是先将受试者的静脉导管插好，手指缠上钓鱼用的尼龙线（线的另一端在实验者手中）。受试者开始坐禅或祈祷，当他打坐到某个程度感到灵魂出窍，从空中俯视自己时，便拉动钓鱼线，让实验者知道已进入某个事先约定的境界，实验者便立刻将放射性的水打入受试者的体中，然后将受试者推去做大脑扫描。

实验结果显示，当打坐者进入天人合一、忘我、无我境界时，大脑顶叶后端的神经元比较不活动（underactive）。我们大脑边缘系统中的海马回，专司大脑的平衡，当神经活动太频繁时，它会控制闸门，使进入皮质各个区域的讯息量减少。在讯息量不够时，大脑会"反求诸己"，就现有的讯息做最合理的解释，因为顶叶是掌管自己与外界空间定位的地方。因此，顶叶后端活化不足时，会产生灵魂出窍与身体分离的感觉。颞叶是掌管物体辨识之处，该处活化不足会看到幻象或神迹。

很多证据显示，重复的规律动作会引发大脑的活动，我们看到轻拍婴儿会使婴儿入睡，有节奏地摇动也会使婴儿停止哭泣，安静下来。自闭症或一些神经上有病变的孩子常会不停地前后摇晃来维持他大脑内的平衡。很多过去所不了解的行为，透过脑科学的研究，现在可以借由脑造影看到产生这些行为的原因。

科学的目的是解释自然界的现象，使其有合理的归依，从而将宇宙的主宰由神转到人，让人们知道种瓜得瓜、种豆得豆，为自己的行为负责。

2003 年 1 月

悲观并不是全然无用

知名艺人张国荣自杀了，一个女生红着眼睛来问我："他年轻英俊，又有三亿元港币的财产，为什么要自杀？"我给她看一本有关忧郁症的书，两天后她来还书，问我："这种毁灭性的疾病为什么没有被演化所淘汰？"

这是一个很好的问题，假如悲观是忧郁症和自杀的根本核心，为什么悲观的人还会留下来？悲观有什么功能，使演化偏好悲观的人？

很多实验显示，悲观者虽然比较悲伤，但也比较有智慧；他们可以正确判断自己的控制权，对事故的记忆比较正确，能使自己避免犯同样错误。例如请受试者做实验，实验者控制情境使他们做对20次，做错20次，做完后问他们觉得做得怎么样。结果，悲观者说自己做对了20次；乐观者会夸大自己的成就，高估自己的主控力，会说做对28次，只错12次。

也就是说，没有忧郁症者比较会扭曲外界事实来迎合自己。嫖妓得性病的几率是八分之一，他却说不会是我，运气没那么差；中乐透奖的几率是五百万分之一，他却说一定是我，把全部家当拿去赌。

从人类历史判断，我们的祖先活过冰河时期，面对旱灾、水灾和饥荒，留下的可能都是未雨绸缪的人；我们遗传祖先的脑，也遗传他们只看黑暗面的特性。

证据显示，悲观不但影响心理健康，且已深入细胞层次，使免疫系统变为被动，导致免疫功能下降。但是它会被演化留下来，表示这种特性在现代化社会中，也不是全然无用。

一个公司的老板必须是对现实世界有正确观念的人，塞利格曼（Martin Seligman）称这种人为"职业悲观者"。这些人不是彻底悲观，他们只是偏向悲观，做事谨慎小心而已，公司的掌舵人通常有这种性格。

研究发现，董事会的成员在测验分数上偏向悲观，他们平衡了企划、市场营销者的乐观，使公司得以前进。

事实上，人类一直是在这种乐观与悲观的矛盾中进化。人类如果没有乐观的幻觉，怎么可能生存下去？春天插秧要到秋天才能收成；猛犸象（已绝种的长毛象）的体型比人大这么多倍，人没有尖牙利齿，怎么敢捕杀它？如果没有希望——认为现实其实比实际更好的希望在驱使着，人不可能超越自己，活到现在。

知道了悲、乐观都有演化上生存的理由，人不应再替自己的情绪找借口，而是知道悲、乐观都有它的优缺点，想办法使自己在人际关系日渐疏离的现代社会中生存下来。忧郁症很苦，但愿张国荣是最后一个因此结束自己生命的人。

2003 年 5 月

你也被政客洗脑了吗？

我去参加了一个企业家的聚会，赫然发现他们所请的贵宾竟然是我研究所同学的先生，当年穷到只能在麦当劳约会的小伙子，现在已是有名的政治经济学教授了。

他乡遇故知，他看到我非常高兴，特地坐到我旁边来聊。咖啡端上来后，他很诚恳地对我说："你是念脑科学的，一定知道情绪会影响创造力、生产力和健康。心情愉快，做事比较快、有生产力；有朝气的人点子比较多，新的想法会在脑力激荡时一直涌出。你们为什么要选择忧郁呢？第二次世界大战已经结束 60 年了，你们为什么还在缅怀过去，算旧账，不向前看呢？生活在过去中的人是看不见未来的，每一个时代都有它的悲剧，已发生的事不可挽回，何必一直去反刍它呢？愤怒是最消耗能量的一种情绪，台湾地区现在最重要的是给人民希望和愿景，把你们从泥泞中带出来。"我很惊讶他不是跟我叙旧，而是跟我说教。

他继续说："政治家不能只看过去，要有前瞻性，牛奶打翻了，一直去计较是谁害你打翻的，即使找出害你的人又有什么用呢？覆水难收，白花了大好的时光与力气，何不用在建设性的思考上呢？一个好的政治家是会给人民一个远景、一个希望，让老百姓在眼睛望着天边的彩虹时，忘记眼前的痛苦。你一定知道从心理学的研究显示，再苦的生活，只要有希望就活得下去，相对地，再美的山珍海味，如果是你的最后一餐，也吃不下。"一席话听得我哑口无言，他是对的，齐克果就曾说："生命只有走过才能了解，但是必须往前看才活得下去。"

我问他怎么知道我们现在心情烦闷。他说，他在 1994 年曾经送他的女儿来学中文，因为那时已经看到世界的重心会移往亚洲，所以他要女儿学中文和日文。他说那时的社会有朝气，人民神采飞扬，跟他这次来的感受不一样。

当年他曾让女儿选择去台湾或北京学语言，他女儿选台湾，说生活好许多，而现在，他女儿却在北京工作。他感叹这十年间的转变。

从忧郁症病人身上，我们知道若是一直让病人反复咀嚼过去不幸的遭遇，这病人会整天脸色阴沉，易怒、爱哭，因为这些负面的神经回路愈被活化，临界点愈低，最后只要一点点跟过去有关的事，便会立刻活化负向神经回路，使人心情低落，再一次掉入忧郁的谷底。而在研究上，现在已知人的行为，会回过头来改变他大脑中神经的连接方式，每天这样恶性循环，病情就会愈来愈严重了。

看到现在不管什么事，不分是非，不管曲直，只分蓝绿，我真是非常担心。我们不是含蓄、沉着、稳重的民族吗？怎么会被政客挑拨到理性都不见了呢？

2007 年 7 月

不相干，其实很相干

中国人说"合"字难写，跟别人合作时，总是觉得自己做得多，人家做得少。一旦有了这种感觉，在分红时，就觉得我做得比他多，怎么分到的钱跟他一样？这样的不满会像暗室中的草菇，生长得奇快，一旦充满了胸腔，不久就拆伙了。

科学家发现，这是因为我们仰赖记忆来做判断的缘故，而我们的记忆是偏颇的，它是以自我为中心做出发点，来组织周边发生的事情，所以它只记得对自己有利的讯息，把对自己不利的就以"不相干"、"不是这样解释"抛到九霄云外，于是人就愈来愈自以为是，别人都是错的。

最近的研究更发现，我们对事情的判断不但受到记忆的影响，还受到当时情境中，不相干因素的影响。诺贝尔经济奖的得主卡尼曼曾经做过一个实验：他请受试者随机抽出一个从 1 到 100 之间的数字，然后问他一个跟这数字完全无关的问题，如"非洲国家占联合国国家总数的百分比是多少？"，大部分的受试者都不知道正确答案，因此只能猜测。想不到他们的猜测居然受到这个随机数字的影响，假如这个数字是"10"，他们就猜大约占联合国国家总数的25%；如果这个数字是"65"，他们就猜占45%，非常令人不解。

卡尼曼说，人在猜测时会不由自主地从那个数字开始寻找，直到他们觉得差不多的时候就停止，然后报告出来。所以看见"10"这个数字，他们觉得有点太少，就往上加，加到25，觉得差不多了就停下来；如果看到的是"65"，觉得这个数字太大了，就往下减，减到45，觉得差不多就报告出来。因此起始点低的人会停在可能范围的最低点，而起始点高的人，会停在可能范围的最高点。

照说，如果我们认为这个可能范围是在25到45之间，我们应该选35，因为这是上下两点的平均数，最有可能正确，但是显然人并不是这样做的。

研究更发现，我们的判断甚至受到不相干情绪的左右。有一个实验让惯用右手的人用左手尽快地听写一些名人的名字，同时要他的右手掌心朝下用力压在桌面上，另一组则是右手掌心朝上托着桌子的底部，做同样的听写。

听写完后，实验者问他们喜不喜欢刚刚所写下的名人，结果发现右手向下压的人"不喜欢"的次数多，而右手向上托的人"喜欢"的次数多，因为前者是个负向的手势，而后者是个正向的手势。

我们的喜好居然会受到完全不相干情绪的干扰，令人讶异。

古人在做重大决策时都要先沐浴净身、斋戒三日，原来"正心诚意"会使自己比较不受周边环境无形因素的干扰，进而影响自己的决策。

古人有很多经验上的智慧，我们到现在才慢慢了解它背后的原因。有人认为脑科学终究可以将人性剥茧抽丝分离出来，透过这些有趣的实验，或许有一天我们能了解人之异于禽兽的"几希"了。

2009 年 4 月

脑造影让我们更了解生命意涵

近年来因为脑造影技术的精进，改变了我们过去的很多观念，甚至连意识的定义都已经改变了。

对外界刺激完全没有反应的植物人，现在知道他们的内心可能是仍然有思维的活动。实验者给昏迷了五个月到一年左右的植物人听亲人说的句子，或给他指令，要他想象自己在打网球、在自己家中走动，然后用功能性核磁共振或正子断层扫描来看他大脑各部位的血流量，因为大脑在工作时需要比较多的血液来提供氧和养分，核磁共振是计算带氧血红素和脱氧血红素的差异，正子断层扫描是直接算葡萄糖的代谢。

结果发现，病人在听到句子时，大脑处理语言的地方就活化起来了，但是对无意义的字符串却不会。这表示病人听得懂，或是保守一点地说，他知道那是有意义的声音。至于想象的作业，大脑区域活化了30秒以上，表示病人可以听指令，用想象的方式把指令执行出来。

对可以自行呼吸的植物人来说，他的脑干是正常的，他受伤的部位是大脑的皮质，所以他们有正常的清醒和睡眠周期。实验者给清醒时的植物人看亲人的照片，发现大脑处理面孔的地方有活化；若是给他看未婚妻的相片，活化就更厉害。当把病人的大脑扫描图跟正常人做同样作业的片子放在一起时，竟然分不出哪张是病人的，哪张是正常人的，表示他们大脑内部活化的程度是一样的，真是叫人吃惊。

有个后来醒来的植物人说，他当时被困在身体的茧中不得动弹，听到医生劝他父母拔管，心中真是又焦急、又悲愤、又无奈，幸好父母坚持不放弃，救了他一命。现在这个脑造影技术让医生在做判断时，除了脑波又多了一个参考的指标。

此外，因为脑造影是直接从大脑的血流量来推测大脑的活动，这对看不见、摸不着的犯罪意图的界定有很大的帮助。大脑对法律的贡献要归功于1992年镜像神经元的发现，实验者发现猴子在看别人的手拿东西吃时，它大脑运动皮质区掌管手指的部位会活化起来，但是它看别人用同样两根手指头在搔痒时却不会，表示前者的活化跟它吃的意图有关。

实验者给受试者看一个人手握着咖啡杯，如果背景是正要开始的茶会，桌上摆了刀叉餐具，他的大脑会活化起来；如果背景是杯盘狼藉，表示茶会已经结束了，那么同样拿咖啡杯的动作就不会活化他的镜像神经元。像这样的实验设计如果继续精进，未来法律可以做到勿枉勿纵。

报载一个人冤枉被关了38年，后来因为DNA的检验，才发现当时被证人指证历历的强暴案不是他做的，只是关进去时是个19岁的少年，出来已是白发苍苍的老者了。

　　人生不能逆转，法律和医学都是人命关天，这方面的研究非常需要政府与社会的支持，人死不能复生，在法官的判案上，我们尤其需要科学的帮助，希望借由脑神经的科学研究，让我们更了解生命的意涵，从而珍惜自己在地球上的岁月。

2010 年 1 月

扫描大脑，真实意图无所遁形

教育主管部门推行有品运动，教学生做人要讲诚信，要忠诚、正直、公平、正义。有学生问："诚信有什么好处？为什么所有的人类社会都发展出这种社会规范？"

从大脑上来看，"诚信"是最节省脑力的过日子方式，脑造影的实验显示，说谎时大脑工作得比说真话时辛苦多了。说谎要说到天衣无缝几乎是不可能的事，只要是假的，就有被拆穿的可能，说一个谎要用十个谎来圆它，大脑就工作过量，人就觉得日子过得很辛苦。有一个实验发现说真话时，大脑只动用七个区块，但是说谎时，十四个地方都得活化起来才能圆谎。

谎话说多了一定会露马脚，因为大脑没有那么多的资源来记住曾经对谁说过什么样的谎，时间一久，记忆痕迹淡退，马脚就露出来了。演化就如哈佛大学的平克（Steven Pinker）所说，是个节俭的家庭主妇，算盘一打，何必说谎，诚实过日子比较轻松。

警察在侦讯犯人时，常要反复讯问，因为问的次数多了，大脑就记不得前一次讲了什么（这叫同构型干扰），前后一矛盾，只好俯首认罪。当然，也有侥幸，搜不到证据的犯罪行为，只好让时间来解决，所谓"真相是时间的女儿"（Truth is the daughter of time），时间久了，秘密就守不住，真相就出来了。

古代"秋决"是有道理的，人命关天，头砍了接不回去，所以死刑都是等秋收之后再执行；一方面看看有没有新证据出来，再一方面，农闲，老百姓才有时间看热闹，行刑才有杀一儆百的作用。

古今中外的法官都不敢百分之百确定伏法的人是真凶，因为人的记忆很不可靠，而且眼见常不为真，会受到先前经验的影响。但是现在有了直接观察大脑活动的仪器后，好了很多，因为人会说谎，大脑不会。同一件事，说真话与说谎话时，大脑的血流量及活化的地方不同。

最近英国的实验更利用大脑不同区域的活化情形，来推测受试者的意图：实验者先给受试者看个短片，同时扫描他的大脑，再请他回忆这个短片的情节，又扫描他的大脑，把前后两次大脑活化的情形做比较，找出处理某个核心讯息的大脑部位，然后借由活化区域来反推回去这个人在动什么念头。

也就是说，实验者想不经由受试者的嘴巴直接从大脑中去推测他的想法。这个技术一旦纯熟之后，会像DNA用在犯罪侦察上一样，使被受害人指证历历，"化成灰也认得"的"被告"的冤枉得以澄清。这将是第一次在大脑中看到犯罪人的"意图"（intention），而意图在量刑上是个重要的指标，有道是"无心犯过者不罚"。

用科学来办案，用大脑来搜证，是未来司法的办案趋势。美国已有神经法律学（Neurolaw）了，台湾地区还待起步。但愿科学能帮助法官做到欧阳修在《泷冈阡表》中说的"求其生而不得，则死者与我皆无恨"的最高执法正义。

2010 年 4 月

古人的智慧可以挂回墙上了

"人是理性的动物"和"人性本善"一直是哲学家思辨的问题。罗素不认为人是理性的动物,他说:"有人说,人是理性的动物,我这一生一直在寻找支持这个论点的证据。"

心理学家想了很多的实验来解答这类问题。有一个实验是在大卖场摆摊位挂牌——"每人限购一颗巧克力糖",桌上放着标价十五分的瑞士巧克力(Lindt)和标价一分的美国巧克力(KISSES)(大家都知道瑞士的比较贵,平常一颗至少三毛钱,而 KISSES 一颗只有五分钱而已),结果有 73% 的人会买瑞士巧克力,因为可以省十五分,比较划得来。但假如把两种价钱各减一分钱,使瑞士巧克力变成十四分而美国巧克力免费时,69% 的人都去抢美国巧克力了。虽然买瑞士巧克力仍然更省,但是一般人不这么想,免费的东西是不抢白不抢,所谓"利令智昏",看到免费的,大脑就忘了理智了。

这个不理性行为并不限于抢购,日常生活上也有。诺贝尔经济奖得主卡尼曼做过一个很有名的实验:两个人共搭一辆出租车去赶飞机,到机场时,两人的飞机都飞走了,但是柜台告诉甲:"你的飞机五分钟之前刚飞走",告诉乙:"你的飞机半个小时前飞走了"。虽然结果都是没赶上飞机,但是甲会懊恼地捶胸顿足、怪司机不闯红灯,乙就不会,因为差了半个小时,就算闯红灯也赶不上。所以有人说,世界经济为什么会每隔若干年就大崩盘一次,就是经济学家高估人的理性,都以为投资者是理性地在做判断,忘记人就是人,会有不合理的时候。

幸好人也是很容易接受暗示的,可以弥补一些不理性的后果。有一个实验是请麻省理工学院的学生在做实验之前先写下他们在高中读过的十本书的书名,另一组则是写下他们所记得的"十诫",然后进行作弊诱惑实验。结果被要求回忆"十诫"的那组学生虽有机会作弊却没有作,不像回忆书名的那一组。令人惊讶的是,只能想出一两条"十诫"的学生与几乎写出十条的学生在行为上没有差别。也就是说,只要想到某种道德标竿就可以让人不欺骗了。

最惊讶的是在第二个实验中,实验者在实验开始之前先要学生在"我明白这个研究是完全遵照麻省理工学院的荣誉制度"的声明之下签名,然后才开始作弊诱惑实验。结果签署了这项声明的学生完全没有作弊。签署荣誉制度声明竟然会有这个效应,真是令人意外。更意外的是麻省理工学院根本没有什么荣誉制度,是研究者乱掰的。

所以人不是理性动物,常会贪小作假,但是只要提醒他诚实,就可以对抗诱惑。看来,每天进校门时,看一下"礼义廉耻"这四个字对学生品德是有帮助的。先前拆下了许多有关品德的格言,现在有科学实验证实，它不只是空洞的口号而已，适时地提醒是有效的，古人的智慧，应该可以挂回去了。

2010 年 7 月

选择愈多愈不快乐？

一位大陆朋友说，他很向往台湾地区的美食，一下飞机便去永康街报到，看到第一家就想进去吃。同伴说："怎么没有多比一家就决定了呢？太草率点了吧！"于是他又往前走，走了半天，比较了十几家的菜单后，竟然不想吃了。他问："为什么选择愈多，愈没有食欲了呢？"这是一个很有趣的心理问题。

朋友的孩子在申请美国大学的入学许可上，一帆风顺，几乎所有申请的学校都给了他入学许可。这本是高兴的事，但是全家反而陷入烦恼中，因为这些常春藤名校各有千秋，很难取舍。

所谓"选择"，就是有 A 就不能有 B，不能两者兼顾。

假如 A、B 各有长处，那么选了 A，所放弃 B 的长处就成了遗憾。遗憾的感觉会影响得到的快乐。因此，选项愈多，所累积的遗憾就愈多，当遗憾超越得到的幸福时，消费者就会决定不买，以去除这不愉快的感觉。我们常为买一样东西而去逛街，逛到最后却空手而返，因为商品琳琅满目，为了避免买错的懊悔，干脆不买。

另一个理由是：人怕负责任，选择愈多，愈没有借口。选项少时，我们说："总共就只有这些，我别无选择。"但是选择多时，借口就没了，责任就是自己的了。当无法取舍时，我们会倾向不买，因为不买就没有"买错"这个责任。

佛洛伊德说："大部分人不是真正想要自由，因为自由伴随着责任，而多数人害怕责任。"为自己的行为负责不是一件很容易的事，大部分人会采取推卸的方式。许多人去餐馆吃饭喜欢点套餐或合菜就是为了避免点菜的责任：菜不好吃？不能怨我，那是老板配的。

有一个实验是请受试者品尝 6 种或 24 种不同口味的果酱，尝完还给一美元折价券，可抵现场买果酱的钱。

结果发现 24 种口味的摊位人潮虽然比较多，但是真正使用折价券去买果酱的人却比 6 种口味摊位的人少。这个现象跟我们的直觉相反，没想到提供消费者更多的选择反而减少了他们的购买欲。

我们都以为人类喜欢主控，愈多选择愈好，其实不然。我们的祖先演化来时，他们每天所面对的是简单的二选一："战或逃"、"要还是不要"，没有这么多复杂的决定，难怪简单才会快乐。

现代快乐指数最高的国家是不丹。不丹物资相当缺乏，没有现代化的设备，但是，不丹人民生活欲望低，只要吃饱饭就很满足，又有虔诚的宗教信仰：这世的苦是为造来世的福。从心理学的实验知道：只要有希望，再多的苦都吃得下，所以不丹人民觉得自己很幸福。快不快乐是态度问题，如果你面对的是一个难以决定的选择，那么，不管最后的选择是什么，那都是一个好的选择，接受它，你就快乐了。

选择只是个开始，圆满完成它才是目标，不是吗？

2011 年 7 月

网络阅读改变了大脑

　　现代的智能型手机像个小小行动办公室，上网查询、收发信件，只要轻触面板就可办妥，而且只有名片大小，放在口袋里随身携带，方便得很，许多人生活已经完全依赖它了。神经科学家问："这个 e 化风潮会改变我们的大脑吗？"

　　这是一个好问题，文字的使用曾经改变了大脑结构，使文盲和识字者的大脑不同。当文化改变我们使用大脑的方式时，我们的大脑就会随着改变，假如我们浏览网页的时间多过我们阅读书籍的时间，传简讯的时间多过写出完整句子的时间，在网络搜寻的时间多过宁静沉思的时间，那么旧的心智功能的神经连接就会变弱，大脑会回收没有在用的神经连接，把它重新组合后，去应付新的认知需求。

　　大脑的规则是同步发射的神经元会连接在一起，它会不停地因应外界的需求，调整内在的回路，而且这个改变非常快。

　　加州大学的实验者找了 12 位网络老手和 12 位网上新成员，在他们使用 Google 搜寻时，扫描他们的大脑。结果发现经常使用 Google 的人，脑内活动的范围比新手大，他们左背侧前额叶皮质

（Dorsal Lateral Prefrontal, DLPFC）有大量活化，而新手很少或几乎完全没有。

实验者请这两组人一周后再回到实验室来，在这期间，要求新手每天上网一个小时练习搜寻。结果发现新手原本没活化的 DLPFC 现在活化情形跟老手一样多了。在六天之内，大脑就重新布局，真是令人惊讶。

实验者又发现网络阅读与纸本阅读不但活化的大脑区域不同，连用到的资源也不同：上网浏览时，大脑要动用到很多的资源，对于原本的认知作业产生转换成本，每次只要一转移注意力，大脑就得重新定位，这会增加大脑的工作量，所以网络阅读的效果比较差。

当用眼动仪来追踪读者浏览网页的眼球移动方式时，研究者发现浏览时的眼球动向是"F"形，即先读二三行，然后眼睛往下移，大约看一半，就把眼睛向页面的左边扫一下，便结束，并没有完全阅读完，而且网页每增加 100 字，浏览者眼睛停留的时间只增加 4.4 秒，即大约看了 18 个字。也就是说，大部分人只花 10 秒钟看网页，不管这网页写得多精彩。

这个发现令家长感到忧心，尤其是现在的人已经习惯了随时监控，一有讯息进来，计算机就马上通知，这会打断专心，使转换成本更高。因此有人质疑，学生在网络上究竟有没有真正在阅读？这答案是"没有"。浏览网络不但改变了我们的生活方式，也改变了我们的大脑。

幸好我们大脑有很大的可塑性，当大脑发现浏览不能带来深思时，它会改变策略。自从斯大林时代，俄国的生物学家在西伯利亚看到被豢养的银狐改变它的外型和生殖周期之后，就对动物的适应力有莫大的信心。人是万物之灵，我们的适应力应该比银狐更好，让我们拭目以待新大脑的出现。

2012 年 1 月

在网络世界里，无法学会有效沟通

朋友很懊恼，他小学二年级的儿子每天用手机上网打电动，现在近视600度。听说，现在连一岁半的幼儿都会用手机玩电玩，真是后生可畏。难怪当爸妈的都说，惩罚孩子最有效的方式就是没收手机，因为孩子已经一日不可无此君了。手机的普遍性彻底改变了人类的沟通方式。

一位美国的朋友说她十岁的女儿请同学来家里过夜，她想起自己小时候开睡衣派对的兴奋，特地交待女儿不能玩得太疯，以免吵到邻居。想不到女孩们在楼上静悄悄的，一点声音都没有，她好奇地上去一看，发现她们都窝在床上打手机，传简讯给不在场的同学。她很惊讶五个女孩睡在一起，却互不讲话、各玩各的，她说："这样的孩子以后如何跟别人沟通？"

这的确是隐忧，社交技巧是需要学习的，尤其是非语言的沟通，如是肢体语言和脸部表情的解读，更是要跟他人面对面练习才能领会。美国有份调查：2008年，美国孩子每个月传2272则简讯，平均一天80则；到2009年时，他们所阅读的文字27%来自计算机。数字化使我们天涯若比邻，但同时也使邻居老死不相往来。

人是社会的动物,需要团队合作才能生存,更需要跟人交往才会快乐,正确解读别人的意图,并预测对方的下一步,非常重要。孩子学说话时,母亲指着兔子说:"看!那边有只大白兔。"语言学家问,孩子怎么知道"白兔"是指那个动物,还是它的耳朵或尾巴?孩子必须看妈妈的表情、眼睛凝视的方向、手指的地方,去推测、验证假设,再把正确答案收纳到自己的词汇中,才学会这个词,所以语言的习得必须跟人互动,光看 DVD 是无效的。

如果语言的学习这么复杂,非语言的学习就更难了,因为可用的线索更少,许多冠冕堂皇的话背后是拒绝、是轻视,而这些只能从说话人脸上的表情来解读。现在很多孩子在网络上伶牙俐齿、谈笑风生,一旦跟人接触,立刻手足无措、张口结舌,说不出话来。他们很多待人接物的行为除了白目,没有别的词可以形容。

加州大学旧金山医学院有位非常有名的教授艾克曼(Paul Ekman),专门研究牵动脸部肌肉的神经。他曾给我们看一段录像带:一位重度忧郁症者,要求医生准许她回家去过周末。从画面上看到这位病人跟医生哀求,表示自己已经好很多了,想回家一趟。当医生终于答应她时,她脸上瞬间闪过一个表情,艾克曼教授停下来问:"看到了吗?"他倒带指出病人脸上流露绝望的神情,她是想请假回家去自杀的。在这短短的五分之一秒,她把自己真正的意图显露出来了。因为脸部表情是不能自己控制的,因此非语言的沟通比语言更能诚实透露真正的意思。

现在孩子天天面对着手机、平板计算机和网络，没有机会和他人实际接触和互动，令人担忧。他们将来怎么去判断别人真正的意图，怎么防止自己不被别人蒙骗呢？

2011 年 9 月 21 日

不理性的乐观影响决策

报纸登载，大学生与第一次性行为者不戴保险套的比例异常地高，虽然艾滋病已被称为世纪杀手，还是有很多人不怕，认为自己不会中奖。心理学家一直不懂，人为什么会这么不理性地乐观。从投资、竞选到不相信自己会生病，都看得到这个现象，最常看到的就是闯红灯的人不相信"争一秒毁一生"，他们都自信满满地说："这种事不会发生在我身上。"甚至高速公路上，跑马灯打出本月车祸死亡人数，都不能使人们减速不超车。这种不理性的乐观究竟是怎么回事？

最近英国伦敦大学的研究者在大脑里找到了一个可能的原因。他们先给 19 名大学生做乐观 / 悲观的人格测验，然后请他们躺在核磁共振中看 80 个事件，如在网络上买到假货、脚踏车被偷、不举、不孕、盲肠炎、在路上被抢、高血压、癌症、离婚、中风等等。再请他们就这件事发生在他们自己身上的几率做个估计，然后告诉他们，这件事实际发生在跟他们同样年龄，同样社经、文化地位的人的几率，最后再给他们看这 80 个事件，看他们知道了实际发生的几率后，对这件事发生在自己身上的几率改变了多少，并找出大脑处理这些讯息的地方。

例如，"癌症"这个字第一次出现时，受试者估计自己得癌症的几率大约是40%，然后实验者告诉他，实际的几率是30%。当"癌症"再出现时，他就做出因应的改变，把估计值下降到31%；但是假如第一次他估计自己得癌症的几率是10%，而实验者告诉他实际的几率是30%，第二次再估计时，他的估计只增加到14%而已。也就是说，大脑对讯息的处理是不对称的，假如新的讯息比自己预期的好，对己有利，便会更新数据，但是如果比自己预期的不好，就置之不理，或只做小幅修正，这叫"选择性的偏见"，人只听自己想听的。难怪沟通这么困难，连面对面的沟通都会出错，被人怀疑诚意不足。

研究者发现，大脑前扣带回皮质及它附近的内侧额叶区及两侧前额叶皮质区都跟这现象有关，其中乐观者的右边腹前额叶回（inferior prefrontal gyrus, IFG）在接受到不好的讯息时，会减低活化，降低负面讯息的影响，愈乐观的人，看到不好讯息时，这个地方的活化愈低；如果是好的讯息，那么内额叶皮质区（MFC）、左边的IFG和小脑都大量活化，而高乐观者和低乐观者在此活化的情形一样，即不论悲观或乐观，大家都爱听好话。我们看到坏讯息只有右边IFG一个地方在负责，而好的讯息有三个地方在负责，就难怪忠言逆耳，人人都报喜不报忧了。

这实验显示了大脑是不对称的处理讯息，选择性的偏见，很多时候，真相不是自己想象的那么乐观。所以，要做决策时，应该更审慎考虑。

2011年10月17日

模仿是自动化历程

英国伦敦大学的研究者最近用"剪刀、石头、布"游戏做了一个很有趣的实验，证实了模仿是个自动化的历程，即使这个模仿对自己不利，人还是会不由自主去做。

这个实验的做法是请大学生到实验室来玩"剪刀、石头、布"的游戏，当裁判喊"一、二、三"时，双方同时出拳，赢的次数愈多，奖金愈高。有一种情况，是两人的眼睛都被蒙住，在彼此看不见的情况下出拳；另一种情况是一人眼睛被蒙住，另一人是看得见的。结果发现在两人都看不见对方的拳时，剪刀、石头、布出现的几率是 33.3%，跟预期的一样；但是当一个人可以看见时，他跟被蒙眼的人出同样拳的几率就升高到 36.3%。我们知道每个人执行指令的速度不一样，有人快，有人慢，假如被蒙眼者拳出得早一点，这时看得见的人会模仿对方的手势，做出跟对方一样的拳来，虽然明知这样做对自己不利，因为赢了才有奖金，但是他还是会这么做。显示这是自动化的历程，无法被压抑。

在三种手势中，剪刀的模仿效果最大，石头的最小。这可能是因为剪刀的手势是伸出两根指头，最突出。大脑对异常的情形特别警觉，会优先处理，所以剪刀的模仿效果最大；石头的手势最平常，而且在玩的时候，双方都是先握拳，然后再出招，所以大脑最不注意它；布居中是因为它既不突出也不平常。在日常生活中，除了讨钱，我们很少把手掌平伸出去。这效果的差异进一步显示了模仿的自动化历程。

研究者用核磁共振扫描受试者在玩这个游戏时大脑活化的情况，结果发现脑中镜像神经元的地方，如前运动皮质区的腹部（ventral premotor cortex）和内顶叶沟（intra parietal sulcus）活化了起来。实验者更发现自动模仿的历程非常快，比自己主动要做这个动作更快。例如给受试者看一个特殊的脸部表情，在30毫秒内，他自己脸上掌管这个表情的肌肉就开始启动了。这么快的启动只能说是自动化的历程，如果是有意识的处理，就需要更多的时间。

虽然我们老早就知道"近朱者赤，近墨者黑"的模仿作用，但是不知道作用有这么深。这使我们看到替孩子打造一个温良恭俭让的生长环境的重要性。媒体对孩子的影响很大，所以必须自律：电视台必须减少血腥暴力的报导，用好节目取代；报纸必须少刊登开卷无益的八卦，用正向的新闻取代。虽然人民有知的权利，但是那个"知"不是只有负面的新闻，它应该还包括振奋人心、凝聚团结、促进社会进步的讯息。

最近某时尚杂志用一个十岁的法国女童作封面，摆出所谓"撩人"的姿态，令人担心。现在女童愈来愈早熟，研究发现一个原因是环境的刺激。既然大脑是无时无刻不在模仿外界，那么，打造一个激励孩子上进的三品社会就是我们的责任了。让我们从自身做起，净化我们的社会。

2011 年 8 月 11 日

第三部分

美好生活的幸福力

成就大事，从小地方做起

心理学的研究上有个现象叫做"破窗效应"，就是说，一个房子如果窗户破了，没有人去修补，隔不久，其他的窗户也会莫名其妙地被人打破；一面墙，如果出现一些涂鸦没有清洗掉，很快地，墙上就布满了乱七八糟、不堪入目的东西。

一个很干净的地方，人会不好意思丢垃圾，但是一旦地上有垃圾出现之后，人就会毫不犹疑地制造脏乱，丝毫不觉羞愧。这真是很奇怪的现象。心理学家研究的就是这个"引爆点"：地上究竟要有多脏，人们才会觉得反正这么脏，再脏一点也无所谓；情况究竟要坏到什么程度，人们才会自暴自弃，让它烂到底。

台北市在未推行"垃圾不落地"时，街口转角若有一包垃圾在地上，不出两个小时，那个地方就会堆成垃圾山。我每次看到这种情形都会想起古人说的"毋以恶小而为之"。任何坏事，如果在开始时没有阻拦，形成风气，改也改不掉。就好像河堤，一个小缺口没有及时修补，可以崩坝，造成千百万倍的损失。

犯罪其实就是失序的结果，纽约市在80年代的时候，真是无处不抢，无日不杀，大白天走在马路上也会害怕。地铁更不用说了，车厢脏乱，到处涂满了秽句，坐在地铁里，人人自危。我虽然没有被抢过，但是有位教授在光天化日之下被敲了一记闷棍导致眼睛失明，从此结束他的研究生涯的故事使我多少年来谈虎变色，不敢只身去纽约开会。

最近纽约的市容和市誉提升了不少，令我颇为吃惊，一个已经向下沉沦的城市，竟能死而复生，向上提升。因此，当我出去开会，碰到一位犯罪学家时，立刻向他讨教，原来纽约市用的就是过去书本上讲的"破窗效应"理论，先改善犯罪的环境，使人们不易犯罪，再慢慢缉凶捕盗，回归秩序。

当时这个做法虽然被人骂缓不济急，"船都要沉了，还在洗甲板"，但是纽约市还是从维护地铁车厢干净着手，并将不买车票白乘车的人用手铐铐住，排成一列站在月台上，公开向民众宣示政府整顿的决心，结果发现非常有效。

警察发现，人们果然比较不会在干净的场合犯罪，又发现抓逃票很有收获，因为每七名逃票的人中就有一名是通缉犯，二十名中就有一名携带武器，因此警察愿意很认真地去抓逃票者，这使得歹徒不敢逃票，出门不敢带武器，以免得不偿失、因小失大。这样纽约市就从最容易的地方着手，打破了犯罪环节，使这个恶性循环无法继续下去。

最近台北市的街头巷尾都种了花，我很高兴。荷兰就是这样开始的，但愿不久之后，台北的市容也能像欧洲一样"春城无处不飞花"。

2001 年 4 月

多点鼓励，少些责备

报上一直有自杀的新闻，有读者投书说，太多的负面新闻使人早上不敢翻开报纸。这使我想到，美国宾州大学的讲座教授塞利格曼也认为，科学家花太多工夫在人的弱点与缺失上，而太少注意人的长处和美德。他统计了100多年来心理学期刊的论文题目，发现有关忧郁、愤怒、焦虑的研究是快乐和满意的14倍，研究生找论文题目都是集中在负面情绪上，很少有人去研究如何使人更快乐。

我曾改过高考试卷，当时有三个人出题，每个人改自己的题目，最后一个人把分数加起来，我是最后改卷子的人，当我要计算分数时，我发现无法加总成绩，因为我给的是正分，而别人给的是负分。也就是说我认为这个学生答对了多少，应得多少分，而别人是认为还有多少没答完，应扣多少分。

这就是东西方的教育理念不同，西方人认为学生上课，学了这么多，所以每一分都是他"得来的"（earned），这是基于鼓励的出发点。

我们的看法是学生应该答得圆满，少答一点扣一分，这是一种谴责的心态。而美国孩子拿到考卷通常是说我拿到（I got）了多少分，欢天喜地。其实，正面的态度会使我们身心都更健康、更能抗压。

别人对我们的关心及期许的重要性可从下面这个实验看出。

研究者想知道高脂肪和心脏血管的关系，针对两组兔子给予不同的饲料，一组给高胆固醇的饲料，另一组给正常的饲料。六个月之后，将兔子血管取出来看，发现有一些高胆固醇组的兔子血管并没有异常，实验者很惊讶，于是重做实验。这次饲料染色，以免喂食错误，想不到实验结果仍然一样。实验者百思不得其解，只好进驻实验室实地观察，他发现来协助喂食的大学女生会把笼子里的兔子抱出来玩。他灵机一动，把兔子分三组，一组喂高胆固醇食物，一天抚摸三次，每次五分钟；第二组只喂高胆固醇食物，不抚摸；第三组为控制组。结果，第一组兔子虽然吃高胆固醇的食物，但是血管壁却和控制组的一样干净，没有阻塞。想不到抚摸竟有维持健康的效果。

中国人是个含蓄的民族，常害怕表露自己的情绪，而且我们事事求全，标准订得很高。因此，在家庭中父母常要说教，在社会中长官常要训话，痛苦指数不断上升。

当我们责备别人时，是否先想一下他已做了多少努力，为什么不把指责的手变成援助或鼓掌的手呢？我们应该多花点力气去注意别人的长处和美德，说不定这个社会会祥和些，大家的日子会好过些。

2001 年 5 月

做你喜欢的事，喜欢你做的事

最近因为工作的关系，必须接触某个领域的新知识，我买了好几本书来看，却因这个领域的风格跟我的性格不合，常半途而废。有本某大师所写的书，我知道一定要看，却看不下去。有一天，当我发现在读它和洗厕所之间，我竟然选择了后者时，我知道必须要想办法强迫自己吸收这方面的知识。我于是向出版社拿了版权，决定把这本书翻译出来。

翻译跟阅读不一样，译者必须细细揣摩作者的意思，把它换成自己的话说出来。翻译逼着你细读、深读，我希望透过翻译能把这本书读完。刚开始时，写不了几行字，我就必须站起来纾闷，心中很不耐烦：为什么有人要短话长说，三句话可以解决的事得用十句话来说？但是渐渐地，我坐的时间愈来愈长，那种不耐烦的感觉不见了。最后，我每天清晨五点便跳下床工作。这使我想起拿到博士学位在找工作时，有一位教授对我说："人生往往不能随心所欲地去从事自己喜欢的工作，重要的是你能把你正在从事的工作，变成你喜欢去做的事。"（Life is not do what you like, but like what you do.）

人生的事，不如意是十之八九，"钱多事少离家近"不是每个大学生的梦想吗？又有多少人真正做到了呢？很多时候心中因为不想做，那个工作就变成不可做。事成不成，全在一念之间。

我们都知道打电话给陌生人是很困难的，尤其要向他推销他可能不想买的东西，更是难上加难，常会被人挂电话，所以这种电话销售（cold call）常令推销员沮丧，做不下去。美国保险公司都会对招考进来的业务员加以训练，但不到半年，三分之二的业务员辞职了，白白浪费许多钱做在职训练。但是也有人留下来，做出百万元的业绩。这些成功和失败的例子差别在哪里呢？

宾州大学的塞利格曼教授访问了最成功的业务员，发现秘诀在"喜欢你所做的事"。原来这个人本是在屠宰场工作，45岁那年，屠宰厂关闭，他失业了。对一个没有一技之长的中年失业汉子来说，有任何工作机会他都会很感激，全力以赴。他说，被人挂电话算什么呢，总比屠宰场的工作好，总比流落街头风餐露宿好。每十通电话销售中，可能会有一个人愿意听他把话讲完；每十个家访中，可能有一个人愿意买他的保险。他把别人视为畏途的电话销售当做敲门砖努力去敲，所以他成功了。

一个人若能找到他喜欢做的工作，把工作当做爱好来做，他会是最快乐的人。如若不然，退而求其次，改变心态去找出工作的价值，来喜欢你所做的事。一样是要走过一生，何不想办法使自己快乐地走下去呢？

2001年8月

尽力使别人更幸福

悲剧使人反思，灾难使人成熟，爱心使人勇敢。

"9·11"惨绝人寰的劫机炸楼事件发生后，我那见血会昏倒的儿子挽起袖子捐血，感同身受的同情心让他忘记恐惧，勇敢地尽一份爱。事发当日，纽约电话线路繁忙，我忧心忡忡地一直想问他安危，电话却打不进去。他知道我会担心，用电子邮件报平安，告诉我，站在宿舍十五楼的窗口可以看见大火在燃烧，想到了我平日挂在嘴边的"天有不测风云，人有旦夕祸福"，也想到无辜的生命在消失中。他说他终于了解电影《春风化雨》中，罗宾·威廉斯为什么要告诉学生"把握今天"（seize the day）了。

世事无常，生命是如此脆弱，随时可能失去，必须把握现在，才不会白走一遭，虚度此生。哈斯汀（R. Hastings）曾有一首诗《车站》（*The Station*），描述一个人在火车上一心一意只想赶快抵达终点，对旅途的一切都不在意，他心中想的是：等我存够了钱，等我拿到博士学位，等我升到总经理……当他最后终于觉悟到根本没有终点时，已经走完全程，后悔莫及了。

其实，旅途跟终点一样重要，甚至还更重要，因为生命真正的快乐是在过程，不在终点。所谓终点常只是一个梦想，一个永远距离我们有一臂之遥的梦想。人生的意义原是来自生活中一点一滴的累积：孩子退烧时，夫妻相视的微笑；丈夫出差提早回家时，妻子的惊喜；等等。这些都微不足道，但都是陪伴你晚年的回忆。在努力奔向未来时，不能忘记我们正活在当下，现在的每一分钟都在生活，只有扎实活过现在，才有未来美好的回忆。

人生最痛苦的不是今天的灾难，而是对昨天的后悔。英谚说："悔恨侵蚀你的心。"（Regret eats your heart out.）人如果能做到把握今天、不白过日子的话，就不会后悔。无论做得好不好，只要尽力就不需后悔。

事实上，从临床经验得知，后悔是因为觉得自己还可以做而做得不够，如果觉得自己已经尽力，无论成败，病人都能接受。人生最高的境界便是在离开这世界时，知道自己已经尽了力使世界更美好，至于有没有做出很大的成就，根本不重要，只要这个世界曾经因为有你，而使别人更幸福就够了。

从网络上，我看到了许多年轻人开始反思生命的价值。一位大学生写道："假如我明天死了，我留下了什么？在这世界上留下一个永久的痕迹是生命的意义。从现在起，我不再蹉跎时光了，假如这是我最后的一个小时，我要把握时间去把我想拍的电影拍出来，我希望留下一件对别人有正面影响的事情。"

2001 年 10 月

用"心"吸引人才

我去美国开会时，发现加州硅谷的街上到处都是穿着莎丽的印度人，彷佛置身新德里。一问之下，原来美国开放高科技人才进口，印度的计算机软件人才蜂拥而至。因此，在硅谷常会听到印度腔的英文，令人有"地球村"的感觉。

想不到，在回程的飞机上，看到报载要列管高科技人才。为了有效管理科技外流，保护高科技，"国科会"正在草拟"科技保护法"与"台湾地区特定高科技人员进入大陆地区任职许可办法"，想用有关规定来管制技术与人才的流动。

21世纪最重要的资源不是自然资源，而是人力资源。所谓人力资源就是脑力，就是人才。这是德国、荷兰、新加坡都纷纷以最优惠待遇来吸引别国的优秀人才，给予高薪、居留权、工作证来"抢"人的原因。而我们却关起门来用"忠诚度"等大帽子来"赶"人。CoCo画了一幅漫画，绿岛上有个监狱，上面写着"管训流氓"；旁边画个台湾岛，岛上也有个监狱，上面却写着"管制高科技人才"，里面传出犯人的咒骂声："都是读书惹的祸！"

好个"都是读书惹的祸"。想不到现在民主了，读书一样惹祸，书读得愈多，行动愈不自由。科技的内涵如果用有关规定就能绑住的话，也就不够高科技了。

知识的创造一定要在自由的环境之下，而这个自由的定义非常主观，也就是说，不一定是有形的束缚才算剥夺自由；无形的限制，如软禁，也是剥夺自由的一种。渴望自由是人基本需求之一，我们平日并不感到它的存在，但是一旦失去自由时，这种渴望就会出现，会不计一切后果地想办法逃走。最糟糕的是，它会使一些本来不想走的人急忙出走，以免以后走不掉。

其实，"人往高处走，水往低处流"是社会的常态。与其把时间花在限制高科技的出走上，不如反省自己。如果"楚材晋用"是世界的潮流，那么我们的心态应该是如何把自己建设得比"晋"更好，将岛外的人才吸引过来为自己效劳，而不是关起门来"向下看齐"。

许多事情只在一念之差，全看怎么想。曾有人买了240公分的木板要锯成24公分的木块，但是DIY公司规定锯木板不可以短于30公分，于是，他要求锯成216公分，再锯成192公分……，直到每一块木板都是24公分为止。逆向思考，他达到了目的，也没有违反规定。

事情可以有不同的思考方式，只要不陷入意识形态之争，达到两全其美的方式很多，端看有没有智能而已。

2002 年 5 月

自然生态与观光发展可以兼得

一位过去表示没有时间来台演讲的岛外教授,突然来信,提及可以在暑假时来台做一场演讲。原来是赏鸟协会的朋友告诉他,台湾地区458种鸟,其中112种是只有台湾地区才看得到的稀有鸟类,因此,他愿意来台演讲,顺道赏鸟。

看了他的信,我很感慨,我们手边有许多大自然的宝藏,是别人求之不得的,但是自己都不知道,还随便烤来吃。我顺口问了一下旁边的研究生,我们在生物多样性上有哪些特殊的地方,想不到,这些在土生土长的孩子都抓头搔耳说不出来。

其实我们有非常多的珊瑚、蕨类、花卉、昆虫品种,是珍贵的世界资产。台湾地区在第四纪冰河时期没有被冰河覆盖,所以有许多古老的物种遗留下来,而且是婆罗洲神山以东海拔最高的地方,所以可以同时看到热带、温带、寒带的植物,是世界少有的景观。

台湾地区的蕨类密度世界第一。全世界蕨类共分39科,我们就有34科,是种类最多的地区之一,只是我们都不知道而已。因为不知道它的价值,便不懂得去珍惜,随便采、捕、砍、烤来糟蹋掉,当然更不会利用这些资源来发展观光业。各国都在尽量发展无烟囱工业，因为它既可以保护环境，又可以兼顾民生。

　　但是现在的问题不只是了解自己拥有的宝藏，还急切需要提升民众的人文素养，因为红花还需绿叶衬，要吸引观光客进来，必须要有其他周边配套措施。我们自称有五千年的文明，但是处处看到的是不文明的现象，很多风景区被整顿得俗不可耐，许多乡镇已经失去它的独特性，每个城镇看起来都一样，不看地图不知道是哪里。

　　有人担心开路就会破坏生态，并使原住民文化消失。关于这点，澳洲的大堡礁是个很好的例子。二次世界大战后，澳洲东北部居民本来要用黄色炸药把附近海域的珊瑚礁炸掉，因为大片的珊瑚礁阻碍商船进港，无法繁荣经济。幸好当时的市长有远见，了解到自己手上是世界上少有的海底奇观，于是力排众议，用买炸药的钱去建机场；用飞机将观光客带进来后，乘船出去潜水，一览五彩缤纷的海底世界，结果这大片珊瑚礁成为澳洲最著名的观光卖点。此举不但保留了珊瑚礁，而且使其名扬国际，让人们一听到澳洲就想到大堡礁。

　　或许我们可以借鉴大堡礁的故事，换一个方式把观光客带进来，不要拼命开高速公路（如北宜），把铁路的质量提升，使人来车不来，就不会牺牲祖先留给我们的好山好水，这才是爱护这块土地的人该做的事。

2002 年 7 月

看见知识的力量

今年夏天，我随着美国科技教育协会的人员去西藏自治区及新疆维吾尔小学看认养乡村图书馆十年来的成绩。这是非营利的组织，发起人乔龙庆博士20世纪60年代去美国读书，拿到学位后在美国教育部做事，因业务关系常去第三世界国家访问，她看到贫苦地区衣食不周，很想捐些钱改善他们的生活。但救急不救穷，要改善他们的生活只有从教育做起，受了教育就有往上爬、脱离贫穷的阶梯，所以她发起认养贫苦乡村的图书馆的活动，捐钱给偏远地区小学买书。这个基金会同时也捐奖学金，让贫苦孩子可以上学。

这件事他们默默做了十年，现在开始有了成效，因为我对语言有兴趣，所以邀我一起去少数民族地区参观。在这次参观中，我见识到了阅读的功效，也看到了知识的力量。

我们先去甘肃省天祝县藏族自治区抓喜秀龙乡的小学参观。车停了，一群穿着藏族衣服的小朋友跑出来欢迎。在学校最堂皇的一间屋子，我看了"田家炳先生认养图书馆"的名牌，里面的书都被小心翼翼地包上了书皮，唯恐弄脏。图书馆的设立改变了该地基本上无书可读的状况，老师从书中吸取新知识，改良原有的教学，更重要的是，书拓宽了老师的视野，提升了老师的境界。

师资进步，孩子也跟着受惠。学生也从阅读中大大地增进了词汇，提高了作文能力。在全国性征文比赛中，有两位小朋友得到杰出奖，八位得到佳作奖，在这偏远贫困地区，是多么不容易，也让我深深感到阅读是教育的根本，台湾当局不必浪费钱在文宣活动或请学者研究阅读有没有效的这类研究计划上，把钱省下来给学生买书是最实际的事。

有位小姑娘说她很想读书，但无力升学，本来已经放弃了，想不到突然接到通知，有人愿提供奖学金，令她喜出望外，抱着母亲流下眼泪。她的父亲说："你们救助的是一个稚气未脱的孩子，点燃的却是我们家乡希望的火种。"

我父亲生在新加坡，他说在南洋，大家最敬重陈嘉庚，因为他捐钱盖了集美中学和厦门大学，嘉惠无数华侨子弟，父亲便是其中之一。陈嘉庚的名言是"钱是我辛苦得来，亦当我慷慨捐出。"会用钱，钱才有意义，那天在藏族孩子的脸上，我看到了最有意义的花钱方法。

2002 年 9 月

把阅读融入生活中

世界观是21世纪未来公民必备的条件之一。信息的快速传递，欧盟的形成，跨国公司的设立以及各经济体纷纷加入WTO（世界贸易组织），都使得国与国的疆界逐渐消失，整个世界变成地球村。因此，我们的未来公民要与外面世界的文明同步成长。

要达到这个目的只有两个方法：经验与阅读。经验是达到学习最好的方法，但是经验要靠时间去换取，而人的寿命有限。因此，想要在有限的时间内获得最大的经验，就必须快速将别人的经验内化成自己的，吸收别人经验最好的方式便是阅读。

我们从实验得知每个人处理讯息的速度不一样，只有阅读可以依个人大脑处理速度来调整讯息的进入；也就是说，书本上的字不会像外界讯息那样瞬间改变，它可以依照你阅读的速度去吸收，是最佳的主动学习历程。

人在接受外界讯息时，大脑会不断地根据自己过去的经验，对该讯息做最合理的解释，这个大脑的自动化历程会决定我们对后面进来讯息的诠释，形成我们的概念。而知识只有在形成系统后才能保存长久，没有系统化的知识是来得快，去得也快，要真正了解一个新领域，必须一个字一个字阅读，让大脑有时间将新知识与旧的背景架构连上线，并且还得不断读到这个主题，才能形成有实际效益的知识，变成下次吸收新知识的背景架构。

这个历程无法缩短，必须按部就班来打根基，而且只有在背景知识很精熟后才能触类旁通。了解到这点，我们就明白为什么多媒体教学始终是个辅助教学，无法取代阅读，要奠定基础必须靠阅读。因为数据不等于知识，内化的数据才是自己的知识。现代社会因科技讯息翻新太快，使得孩子必须不断阅读才能赶得上时代的要求，网络上的讯息又太多，除非有组织能力与逻辑性思考能力，否则无从取舍。阅读正是培养逻辑推理最好的方式，因此，未来的公民必须靠宽广的背景知识做为吸收新知识的鹰架，适应新世纪的挑战。

我们的学生因升学主义挂帅，不考的就不念，没有阅读课外读物的习惯，因此在背景知识上逊人一筹。现在很多人将所有责任推给学校，其实教育下一代人人有责，学制不能拿来做为学生知识不足的借口。马克·吐温说："我不会让学校阻扰我的教育。"学习要靠自己，能突破桎梏的人才能有成就。希望居庙堂者能将阅读列为教育的重点，替未来的公民打下能与世界竞争的良好根基。

2003 年 2 月

心有期盼，便能忍受苦难

"中国时报"举办了一个"一字千金"的活动，请读者以一个字来描写前一年的生活感想，结果反应热烈，收到了近两万张明信片。想不到前五名竟是乱、苦、忙、忧、惨，令人触目惊心，而且选"乱"字者年龄在 26 岁至 55 岁之间，也就是说，社会的中坚份子对去年一年的总结只有一个字"乱"，因为乱，所以苦、茫、看不见前途。

"行政主管部门"主计处公布 2002 年民生痛苦指数为 4.97%，这是六年来最高，仅次于韩国的 5.8%（所谓痛苦指数是失业率及消费者物价指数上升率相加的总和），过去指数高是高在物价方面，现在是高在失业率。这两者对人心理层面的影响是不一样的，失业率直接影响到健康，间接影响到社会成本。在医学上，现在已知道如果一个人体内有致癌的倾向，那么在失业后 18 个月，这人得癌症的几率比别人高，另外忧郁症及自杀率的最高触发原因也是失业。因此，失业率背后还隐藏着医疗的社会成本，不能掉以轻心。

政治上的事我们无能为力，但是我们可以从自己力量所及的地方去改变这个逆势，也就是说，调整自己的心态去面对这个恶势。

美国宾州大学教授塞利格曼一直呼吁人们不要老是着重心理疾病的治疗，应该把重点放在心理疾病的预防上面，他把这叫做正向心理学——找出长处优点，培养信心使产生生命的希望。他主张教育不要强调改正错误，要找出每个人的优点，从优点上去培养信心，有信心才会有希望，而希望是个缓冲器，可以抗压，渡过苦难。

我们看到选择"乐"的人中有单亲母亲，一天工作16小时，白天替人打扫，晚上夜市摆摊，只因为四个儿女可以读书，令她看到希望。我们也看到一个人从好朋友处顶下了美容院，想不到朋友卖了很多预售券，他本想不认账，但是不认账，对用现金买券的人就吃亏了，他想到做生意的诚信，所以咬着牙做了下来，结果客人受到感动，呼朋引伴使他生意愈来愈好，这两位了不起的平凡人都是看到了希望，所以虽然生活辛苦，但是那是肉体的辛苦，心灵是平安的、快乐的。

塞利格曼提出一个得到真正快乐的方法——从正向的情绪出发，找到生命的意义，这个意义会带给你希望，而希望让你驶过人生的暗礁。他认为正向情绪的根本是做人基本的美德，即智慧、勇气、仁爱和正义，从美德出发才会找到生命的意义。难怪潘多拉的盒子最后飞出来的是"希望"，有了希望，前面所有的苦难都能忍受。但愿每个人都能从"乱"中找到自己人生的希望。

2003 年 3 月

内省是做人的责任

一个学生问："我们的眼睛为什么不对着长，使两只眼睛对看，可以马上看到自己的样子，不必担心牙齿上有菠菜屑，也不必担心嘴边有饭粒？"这是很好的问题，很多动物的眼睛都是长在两边，至少它看的范围广，不像人类，脑后无眼，被人暗杀了都不知道是怎么死的。的确，诚如孔子所言，"人苦于不自知"，我们眼睛演化的目的是得朝外看，"明察秋毫，不见舆薪"，看得见别人脸上的小雀斑，但是看不见自己脸上的青春痘。为此，人类发明了镜子，"以铜为镜，可以正衣冠；以人为镜，可以明得失"，但是有了镜子以后，人类就有了自知之明了吗？

在心理学上曾有个很有趣的实验，用镜子来测试动物知不知道什么叫自我。实验者先把一面镜子放进黑猩猩笼中，十天之后，将黑猩猩麻醉，在它额头上点上一个无臭无味的红点。在黑猩猩醒来，镜子还没有放进来前，黑猩猩并不会用手去摸额头，表示这个红点的确是无臭无味的，但是当镜子放进笼子后，黑猩猩一看到镜中的"倩影"，便立刻用手去摸额头，而且用力去搓，表示它知道镜中是自己，而且知道自己额头上原来是没有红点的。

　　如果省略第一步，并没有让黑猩猩先接触到镜子时，它虽然看到镜中的自己有红点，但不会用手去摸，因为没有以前的自我可做比较，就无从判断。没有比较就没有抱怨，就不会用力去把不是自己心甘情愿放上的装饰品搓掉。

　　这个实验很让人震惊，当一个人不晓得自己原来是什么样，就只好任人摆布，添多了，减少了，都不会抗争。但是一旦照过镜子，知道自己是什么样了，那么一有非自主的改变便会立刻发觉，而且这个觉识出现后，不可逆转，已经知道了便无法再假装不知道，它会在镜子前面一直看，所以有没有自知是非常重要的。

　　苏格拉底说，一个没有检视的生命是不值得活的。内省不仅是了解自己做了什么，最重要是透过它了解自己真正的意图，柏拉图更进一步说内省是做人的责任（human obligation），没有内省能力的人不配做人，人只有透过自我内省才能实现美德与道德。

　　我们目前整个社会最缺的便是内省的能力、自知的觉悟，给人一面镜子本来是应该照到自己不足的地方，使能自我改进，不知怎的，现在的镜子却变成照妖镜，把进诤言的人都照成妖怪，千错万错都是别人的错，自己绝对没有错。看到台湾地区的政治人物，真让发明镜子的老祖宗在坟墓里翻身，徒呼负负。演化了 600 万年，还比不上黑猩猩！

2004 年 5 月

来自不丹的幸福启示

与《科学人》齐名的《美国科学家》（*American Scientist*）刊登了一篇文章，认为国家的强盛与否不应该只看国民生产毛额（GNP），而要同时包括教育和健康医疗指标，和国民对生活满意度的指数。

这些学者指出美国在二次世界大战之后国民生产毛额增加了三倍，但是生活满意度却没有随着增加，他们认为国民的幸福（well-being）应该是政策制定的主要目标。科技愈进步，人性化的需求愈高，冰冷的数字没有意义，必须加上人性的解释才能窥见全貌。

这个想法最早是喜马拉雅山下的小国不丹所提出的，她的总理在国会报告时宣布不丹的发展不仅用经济的指标，同时还加上国家快乐指数（Gross National Happiness, GNH），获得很多经济学家和心理学家的赞同。

所谓国民的幸福指数为平均国民寿命乘上平均生活满意度。例如加拿大的平均寿命是 78.6 岁，生活满意度在 1 到 10 的量表上为 7.63，所以加拿大的幸福指数是 60（78.6×0.763）。

从这个计算看来，国民幸福的排行最高为加拿大（60），其次为荷兰（59.3），挪威（57.8），美国（56.9），日本（50.3），中国大陆（46.7）。

那么，为什么人填饱了肚子仍然不满足？这牵涉到动物的基本需求，这个需求的急迫性比饥饿更紧迫，这就是安全感。动物在紧张时会没有食欲和性欲，安全是生存的第一要件，人也是在脱离危险之后才会觉得饥寒和疼痛。

很多人都以为生活指数上升了，人民便应该满意，但是威斯康星大学的猴子研究清楚地指出，安全感比什么都重要。心安才吃得下饭，如果心神不定，纵使有山珍海味放在眼前也食不知味。

社会领导人常常忘记"安定"是人民的基本需求，也是经济发展的基本条件，一个政治不稳定的社会是无法招商的，人民想移民时，也是无法专心生产的。

实质比虚名重要，莎士比亚很早就说过："玫瑰若换成别的名字一样香。"在台湾地区钱淹脚目时，不是很多外商都来台湾地区做生意吗？有钱赚，谁管你叫什么？相反，有战争危机时，再好的条件，商人也裹足不前。

政治稳定是招商的前提，生活安定是人民满意度的基石，领导人如果真的是"民之所欲，常在我心"的话，这一点不该忘记。

2005 年 1 月

人脑商机

有个朋友在找房子，他开的条件不是地点好、不是房价低，而是楼不要高、里面没有住老人。我们觉得很奇怪，一问之下，原来他住的房子楼下有位老太太平日常炖中药进补。有一天，她下楼去倒垃圾，碰到另外一位老太太，相谈甚欢，忘记了炉上有火，结果差点烧掉房子。虽是虚惊一场，但是这造成他的恐惧，频频问我们，科技这么发达，为何在这方面不能多着力些，帮助人类记忆、减少人类焦虑。

其实，德国、澳洲、新加坡都在开会，讨论科技如何帮助人类拥有更优质的生活。人类因有梦想才有创造发明，"想象"这个事情是人愈多，点子出现得愈快，搭着别人的点子，愈飞愈高，所以必须开研讨会来发挥想象力。

现在科技已经进步到可以复制另一个生命，科学家必须回头去看，人类究竟需要什么，科技如何替人类服务来提升生活质量。现在人的寿命愈来愈长，在1950年时，人的平均寿命才49岁，现在男性平均寿命为73岁，女性平均寿命78岁，当全世界都趋向老年化、少子化时，用机器来替代人力照顾老人、病人，就变成21世纪的最大商机。

芯片这么微小，到处可装，只要我们运用想象力，的确可以解决许多老人生活上的困难，提升他们生活的质量。例如，老人最担心的就是记忆力衰退，出门忘了关火，烧干锅子事小，烧死邻居事大，这使得许多老人不敢出门；走路又怕摔跤，所以常坐着不敢动，但不活动对身体不好；有个老人一天内把一周的药都吃下去了，因为他不记得吃过了没。像这种情形，都可以借助科技。

只要在门上装一个芯片，门一开时，就自动出声问："火关掉了吗？"提醒老人检查一下炉子再出门。现在的手机有闹钟的功能，吃药也可事先设定手机闹钟：时间到，手机出声提醒吃药；另外放药的盒子可以装芯片，开过一次后，几个小时之内不能再开启。也可在老人鞋底装芯片，当走路时，脚一无力而不平衡，立刻做出应变措施，防止摔跤。

台湾地区虚拟现实做得很好，可以让老人在走路机上健身时，四周计算机屏幕打出来的是他住家周边的景观地标，让他真的感到在户外散步，环境熟悉后可以避免迷路；以目前科技，量身打造个人的需求不是问题。

焦虑是对健康最大的伤害，任何减少焦虑、去除不安的发明，对人的生活都会有质量上的改进。人最怕是整天穿睡衣在家里，早饭吃完等中饭，中饭吃完等晚饭，晚饭吃完等第二天早饭，这种人我们称之为"三等公民"——等吃、等睡、等死。人一定要出去跟别人互动，身心才会健康。

科技是人脑的发明，现在反过头来帮助人类改善生活，这就像人脑发明计算机,计算机反过来帮助人类了解人脑。人脑是 21 世纪最大的商机,任何有远见的政府都不可忽略它。

2006 年 1 月

生活有目标，活得没遗憾

现在的社会，诚信不值一分钱，背叛承诺遍地可见。

公司老板不守诚信，说倒闭就倒闭，有人甚至还把公司掏空。

老公不守诚信，背叛太太，因为永远都有比太太漂亮的女人。

台湾当局也不守诚信，原先对军公教人员承诺的 18% 优惠利息，说取消就取消。

一位已故大法官生前非常清廉，退休后就靠着新台币 300 万元退休金生利息，他的遗孀今年 95 岁，听到台湾当局打算取消"十八趴"后，直说她活得太久了，未来要靠什么维持生活？

想想，还有那么多老人、老兵是靠"十八趴"生活，他们未来该怎么办？

个人有身心症，心理病引发生理病。社会何尝不是如此？

已经有实验显示，在离婚、配偶意外身亡、失业的 18 个月内，人罹患癌症的几率会显著增加。

当然，癌症发生率增加，与现在外食频率增加也有关。看到外面买来的饼干、蛋糕放个三天还没坏，就可以想见里面加了多少防腐剂。

要让社会重新重视诚信，在上位者就应该做好榜样。举个例子，以前我在学校从来没有听过学生公开讲脏话，但现在学生动不动就是把 LP 挂在嘴边。

社会现在普遍缺乏生活目标。几年前，我到美国纽约开会，遇到一对韩国新移民，父子共同开一部出租车。父亲开车的时候，儿子就在驾驶座旁休息；儿子开的时候，父亲就在驾驶座旁休息。他们充分利用这辆租来的出租车，24 小时跑，一分钟也不浪费。这对韩国父子的心愿就是赚足十万美元，买下一间杂货店，将来能让孙子好好念书、靠脑力赚钱。

20 年前的我们，就像这对韩国父子，为了一个目标，日夜打拼，这种精神现在少有了。

作家黄春明说，罗东有位卖豆腐的老先生，虽然已经 80 岁，身子依然硬朗，他的儿子留学回来后，硬要他把摊子收掉，结果不到一个月，这位老先生就过世了。由此，可知意志、生活目标对生命的重要性。

实验也证明，人的意志会影响大脑回路，影响脑的内分泌，影响人的免疫力。例如电击一个人的手，并同时打止痛剂，让他不觉疼痛，重复几次后，再电他的手，却不打止痛剂，被试验的人也不会觉得疼痛。

如果人没有目标会生病，那么如果一个社会没有目标，是否也会生病？

以前每次离台前，父亲一定要求我们先背："晚食以当肉，安步以当车，无罪以当贵，归真返璞，终身不辱。"

　　当我们把生活欲望压低，就不需要向人借钱，也不需要为钱去做坏事。

　　我父亲是大律师，但是父亲的内衣总是穿到破还舍不得丢，我们也被教育不穿名牌、能走路就不坐车；而我也是这样教育我的孩子。

　　22岁到美国留学时，家里的钱只够买一张单程机票，父亲安慰我"一身养一口"，人有两只手，只要肯做，一定饿不死。

　　父亲还举了春秋时期伍子胥为报父仇，流浪到吴国讨饭的故事；他说，权贵出身的伍子胥都能到外国讨饭，还有什么大事做不成。

　　不像现在，很多人都说找不到工作；但同时，很多工作又都只有"外劳"愿意做。

　　人难免一死，但活一天，就要好好活，活得没有遗憾。

　　父亲86岁那年到美国动心脏绕道手术，事先评估存活率只有10%，我们都担心他一去不复返。

　　就在父亲要被推进手术室前，我们推派姊姊做代表去问父亲："有没有什么要交待？"只见父亲想也不想就说："交待什么，我会出来。"

　　结果，原来连医生都不敢开的手术，一个86岁的老人却挺了过来。而且，在开刀后一周就出院；一个月后，他就坐飞机回来了。父亲直到90岁才过世。

2006年2月

一生至少做一件对别人有益的事

美国前副总统戈尔（Al Gore）竞选总统失败，以些微票数败给布什后，并未气馁，也未怨天尤人。他转而全力投入环保事业，拍了一部谈环保的电影《不愿面对的真相》，广受好评，对世界的影响深远。

美国前总统卡特（James Earl Carter），在卸任后去非洲、中南美洲等贫穷国家盖房子。他在位时，曾因苏俄出兵阿富汗而抵制奥运会，让美国选手失去夺金牌的机会，也曾因救俘失败，失去民心，只做了一任就下台，但是他在回归平淡后，却深入偏远地区服务，赢得了全世界的尊重。另一个像这样的楷模是德国的电影明星卡尔·波恩（Karl Heinz Bohm）。我念高中时，有一部电影《我爱西施》（Sissi），非常轰动，是奥匈帝国皇帝法兰兹·约瑟夫与皇后伊丽莎白相恋的故事，电影中的男女主角卡尔·波恩和罗美·雪妮黛（Romy Schnider），男的英俊，女的美丽，不知羡煞多少有情人，但很少人知道这位当年的大众情人，后来竟是埃塞俄比亚老百姓的再造恩人。

1981 年，波恩上了一个德国的综艺节目，这个节目是让特别来宾和主持人针对各种不可能的任务打赌，那天赌的是坐在电视机前的观众有三分之一的人愿意捐出一马克来帮助世界上最穷苦、最无助的人，如果波恩赌输了，他就得亲自去到世界上最穷困的地方体验贫苦的滋味。

那天晚上共有 1800 万人收看这个节目，结果只收到 150 多万马克，不到三分之一。虽然在节目结束后，民众仍然持续捐款，但波恩认为输了就是输了，不可食言，于是就带着钱去到了因长期内战，人民颠沛流离的埃塞俄比亚。他兴建学校、开辟农田，让老百姓有饭吃。他不是蜻蜓点水地把钱花掉了事，而是长期住下来，实际动手帮助这些难民。

波恩的义举赢得许多人的感动，20 年来一共募得了一亿七千五百多万欧元，全数投入埃塞俄比亚的建设。

2003 年 3 月，波恩 75 岁生日，德国电台为他制作了一个特别节目，表扬他对埃塞俄比亚的贡献。在电视上，他已垂垂老矣，无复当年英姿，但是却更令我感动。25 岁的波恩，因为英俊潇洒，很吸引我；75 岁的他，因为品德高尚、无私奉献，更令我敬重。

古人说："天贤一人，以诲众人之愚，而世反逞其所长，以形人之短。天富一人，以济众人之困，而世反挟其所有，以凌人之贫。"这个世界不美好，所以才需要有能力的人来奉献。看到戈尔、卡特及波恩的例子，我很想问："假如你有能力让世界变得更美好，你会愿意改变学校／社会／国家／国际的现状吗？"人一生一定要做一件对别人有益的事，让我们从今天开始，付诸行动，让世界不一样。

2006 年 10 月

欲望有节制的人知足安乐

朋友打电话给我，问我有没有二手旧衣，我很惊讶，她那满柜子的名牌衣服呢？

她说，自从"五二〇"之后，办公室慢慢形成一股穿旧衣之风。当每个人都穿旧衣时，她穿名牌觉得有鹤立鸡群的不自在感觉。但是台北寸土寸金，她的公寓空间狭小，凡是不穿的衣服必须马上送人，所以家中无旧衣。她知道我母亲是什么都不丢的，所以打电话来问问看。我很高兴知道善良风俗的形成，竟然只要一个月就可以了，上行下效的力量真是不可忽视。

物价高涨，"钱"迫使人们开始节能减碳，我注意到路上的汽车减少了，摩托车多了，去开会时，冷气也不再冷死人了，连学校厕所的灯都不再是 24 小时开着，常有人会随手关灯。这真是可喜的现象。终于又回到我小时候，中国人有着勤俭持家"量入为出"的美德，我父亲以前常说"大富由天，小富由人"，晴天要想到下雨时，未雨绸缪、知足常乐。

在 2008 年 5 月份公布的国家竞争力调查中，泰国排名第 27，超越韩国、印度，但是泰皇还是要人民自足。他说："自足是过合理、舒适的生活，不过度消费、奢侈浪费"，最主要是"不要超过自己经济能力"。

我想起以前有个广告鼓吹借钱是光荣的事，结果害得年轻人未出校门就欠下一屁股卡债。他们涉世未深，不了解被人讨债的那种"上天无路，入地无门"的痛苦，若是以债养债，最后一定以身殉债，所以从小教孩子节俭的美德是很重要的。

泰皇又说："自足是靠自己双足站稳根基，既然站稳就不易被绊倒。"我们看到有些人勤俭做生意赚了点钱后，就想炒股票发大财，结果股票失败，连他本来谋生的小店都被牵连倒闭，所以先站得稳很重要。

最后，他说："自足是自制，欲望有节制的人不易贪婪，也不会占别人便宜。"我很喜欢这句"不占别人便宜"的话。各守本分不占人便宜，社会就会平和快乐，我们不必花精神去提防别人，宝贵的时间和精力就可以释放出来去发展人类的文明，提升自己的心灵境界。

目前社会最缺的就是这个"信任"，各种骗子一大堆，尔虞我诈，老百姓痛苦得很，不知该信任谁才好。如果能从勤俭开始，做到自给自足，不借别人的力量来帮自己站稳，就不怕被绊倒，心中安定，日子就会过得快乐。

如果国家也以此为念，世界也会变成一个更快乐、更安全的地方。人应该在不伤害别人利益的前提下，过一种满足的生活。这其实就是我们对执政当局的期待，看到马嫂不惧世俗的流风，坚持俭朴，对社会所带来的影响，令我们对未来有一种新的希望。希望大家都能在不伤害别人利益的前提下，过一种满足的生活。

2008 年 7 月

大学生应怀抱远大志向

台大校长李嗣涔在新生训练时，勉励学生考试不作弊、作业不抄袭、单车不乱停和不随便逃学，引起了很多讨论。

先不论把大学做小了或是校长教官化了，这其中透露出一个令人忧心的讯息，就是社会逐渐幼稚化。不但大人在照相时装可爱，学小孩摆出"耶"的手势，连新塑的观世音菩萨也成了可爱逗趣的cute版。

大学生有样学样，一方面要求自主权，不要人管；另一方面却仍在当小孩子，不想负责任。

仔细检讨起来，还是我们大人的错，因为模仿是最原始的学习。过去大人有大人的样子，现在很多几十岁的人，打扮、行为仍然幼稚，有着"彼得潘情结"，不想长大。以前校长都是穿得整整齐齐在门口迎接小朋友，现在校长打扮成电音三太子又唱又跳。连应该庄重的毕业典礼也变成嘉年华会，丢水球、泼西红柿汁。当孩子看到大人在扮孩子时，他们怎么长得大呢？

做过主管的都知道，跟部属可以亲近却不能亲密，亲密会出事。师生关系也是一样，学生对老师首要尊重，有尊重，你讲的话他才会听，亲子关系更是如此，孩子不尊敬父母时，哪会甩父母？遑论听话。而要孩子尊重，大人必须做出值得别人尊重的行为来。

每一代有每一代的时代考验，我们不必替他们担忧未来有没有饭吃，事实证明，每一代都能把棒子成功地交下去。我们担忧的是价值观的迷失与生命的没有意义感。现在的孩子因为太过于受宠，已逐渐失去未雨绸缪、防患于未然的智者处世心态，也失去了"有所为，有所不为"的骨气，他们把一切便利当作理所当然，安于现状而不加珍惜。

孩子不会料理生活到什么程度呢？某高中举办夏令营，学员须轮流煮饭。轮到某生时，煮20个人喝的蛋花汤，只打了两个蛋下去，每个人的碗中飘了一丝黄色的细线；又如某大学的学生替女朋友庆生，在旅馆的床上摆了100根蜡烛排成心型，却在点燃蜡烛后，离开房间去接女朋友，结果把旅馆烧掉了。这些都是冰山一角，但可以看出大学生生活常识的不足。

除了课本知识以外，我们的大学生的确像小学生，也难怪校长只好把大学生当小学生来教。

大学是追求知识、磨练品格的殿堂。大学生应有周恩来在南开念书时的抱负，"读书救国，中流砥柱"；更应该有傅斯年的骨气与风范，他只做了一年的台大校长，到现在，他对台大的影响还在，我们还怀念他。

大学是学生出社会之前，最后打蜡磨光的阶段，校长应该激励他们，给他们远大志向，要他们敦品励学、继往开来。经过大学之门出来的学生应是沙滩上的珍珠，不应为恒河一沙或沧海一粟。

2011年10月

幸福由快乐的小事累积而成

最近不丹国王去日本访问，带给日本国民很大震撼，不丹虽然物资享受不高，但是 97% 的人民认为自己很幸福，相反，日本的国民所得超过四万美元，每年却有三万国民自杀，所以日本政府宣布以后不再以国内生产总值（GDP）为基准，改为调查人民的幸福指数。

很多人都误以为金钱就等于幸福，其实不然。很多有钱人活得并不快乐，最显著的例子就是美国的休斯（Howard Hughes），他富可敌国，却活得非常痛苦。他有严重的强迫症，害怕细菌，害怕传染，不敢跟人接触，什么都不敢吃，最后可以说是饿死的。近十多年来，心理学开始研究幸福感：人如何才能感到幸福？构成幸福的条件又是什么？

哈佛大学的研究发现，不必每天都有值得庆祝的大事，很多快乐的小事累积起来的能量超过一件快乐的大事。我们过去都把幸福寄托在未来或别人身上：等我娶到她；等我升到总经理；等我存到 100 万……，研究发现，这种大事带给你的幸福感不及你每天都有幸福的小事，如能力被老板肯定、同事爱戴你、吃到好吃的食物，都会带给你快乐，这些累积起来的快乐能量大于久久爆发一次的快乐能量。

某天下大雨,有个全身淋湿的警员告诉我,他在指挥交通时,有位女士把车窗摇下来,对他喊道:"辛苦你了!"他说,刹时疲累都不见了,相信对他说这句话的女士也是一样快乐。近来美国有很多企业在推"10/5 Way",即员工在看到同事十英尺之内,要做眼神接触;五英尺之内要打招呼。他们发现,员工因此快乐了许多,生产力和业绩都提升了。

2008 年,一项研究发现,对生活不满意的员工,每个月要多请1.25 天的假,换算起来,一年少了 15 天的生产力;大卖场员工若生活满意度高,在大卖场每一平方米内,可以多做 21 美元的生意,一年就替老板多赚了 3200 万元。这就难怪现在大老板关心起员工的幸福了。

要增加自己的幸福并不难,研究发现,每天花几分钟写下三件你感恩的事;昨天所发生有意义的事;送一个正向的讯息给你的亲友;运动十分钟;冥想十分钟。每天这样练习,你的思想会导向乐观,而且完全不需要任何工具或设备就能做。有个公司发现,"幸福练习"经过四个月之后,效力还在;没有做幸福练习之前,公司的生产力和职场快乐指数在 35 分的量表上,落在 23 分,做了以后上升到 27。

现在职场压力都很大,其实社会支持是抵抗压力最有效的方式,两者之间的相关是 0.71,如果你知道抽烟和肺癌的相关才 0.37,就知道社会支持有多重要了。

社会支持和幸福感最重要的因素是"给予"(provide),从服务他人得到自我肯定与自我价值。美国前总统杰斐逊说:"当蜡烛点燃另一根蜡烛时，它自己没有损失，房间却更亮了。"给予才是幸福感最重要的因素。当你替别人着想、帮助别人时，别人快乐，你自己也幸福，这才是真正的双赢。

2011 年 12 月 9 日

利他就是利己

日前，在一个餐会上听到一位大学校长说，他们学校想把在地的一所高中纳入成为附属中学，一方面让教育系的学生有地方实习，一方面也提升该高中的素质。这本是美事一桩，校长却摇头说，想不到带头反对的竟是自己学校的学生代表。他们质疑那所高中的资源少，纳进来会吃掉大学的资源，影响他们的权益。

我听了很惊讶，我们都知道只有大家都有钱了，我们才能安心享受自己的财富，唯有利他的自利才能保障自身的自利。如果只想到自利不考虑利他，你的自利会不安稳。在贫富悬殊的社会里，很多有钱人不敢出门，出门必要保镖，因为别人会觊觎你的财富，会来抢、会来偷，连觉都睡不安稳，像这种日子即使钱再多也过得不自在，因为失去了最宝贵的行动自由。

第二次世界大战结束后，欧洲满目疮痍，美国的国务卿马歇尔（George Catlett Marshall）提出一个美援法案，帮助欧洲经济复苏。当时美国国内也有人反对：我们辛苦赚的钱为什么要白白拿去送给欧洲人？但是杜鲁门总统看到了除非欧洲经济复兴，人民有购买力，不然，美国制造的产品卖不出去，反而会拖垮美国的经济。历史证明杜鲁门和马歇尔是有远见的政治家，美援使美国在60年代，成为世界第一富强的国家。

大学的资源其实在师生的脑力、图书设备和实验仪器上，这些都不会因使用而减少。脑力是最取之不尽、用之不竭的东西，它不会因用了就变少，反而愈用愈灵光，点子愈多，创意愈强；图书馆的书也不会因为有人看而少一页。开放校园给高中生只会帮助高中生提升眼界，使大学以后招收到更好的学生。

在信息瞬间传递、地球是平的21世纪，人和人的关系已经亲密到牵一发动全身的地步（所谓的蝴蝶效应），如果我们的大学生仍然如此的本位主义，会是我们的隐忧。

我们一定要告诉学生，帮助别人其实是帮助自己。早期美国大学大量提供奖学金，邀请世界一流的头脑到美国读书。当时，我们不了解美国为什么愿意给外来学生全额奖学金，不但替我们付学费，每个月还给生活费，让我们不必打工就可以安心念书。他们自己国内也有很多的高中生没钱念大学；即使上了大学，也得一边念书，一边打工。为什么美国人纳的税要用来养我们这些外来学生？相信美国人也有怨言。但是这些外来学生毕业后，大多留下来为美国所用，教书或做研究，栽培了美国的人才，提升了美国的国力。即使是离开美国的人，心态还是亲美，当这些人身居要职，他们亲美的态度在冷战时期就对美国很有利了。

现在回头看美国的奖学金政策绝对是正确的。脑力是世界上最珍贵的，也是最不会耗损的东西，知识也是世界上唯一愈用愈多的东西，学生不必小器，当每个国民的知识水平都提升时，国家就强盛了，毕业生找得到工作，人人都可以安居乐业。

2012 年 1 月 3 日

待人宽厚是愚蠢的?

有一位高三的学生，在学生论坛上看到有人对我在《联合报》写的《有才无德是毒品》的回应后，来信问我："为什么会有人觉得厚道是愚蠢的事？"

他原先以为，虽然商场重利，但是利不忘义，厚道还是做人的根本，没想到网络上有人说："你跟你的公司讲厚道，你的公司和你讲什么？现在是弱肉强食的社会，不可有妇人之仁。"另一个人说："做生意是合于利则动，不合于利则止，公司本来就是基于利而存在的，雇主何尝不想雇用有经验的人？但是有经验的人待遇高、年纪大、能用的年数少，划不来，所以并不需要感激给你第一份工作的人。"更多人说："快乐本身并不需要符合道德，现在是个利伯维尔场，各取所需，如果老师有料，课上得好，学生忍饿也会专心听讲；如果老师没料，那么这堂课就是自由时间，你付了学费，已把这时间买下来了，当然可以做你自己的事。"这些话令这位高中生很迷惘，怀疑自己的观念是不是太古老了。

现在社会黑白不分，似是而非的说法充斥在网络上，我想最近发生的几件事，可以供学生参考。第一是台新金控的总经理林克孝先生坠崖死亡，所有人都非常难过，他的追悼会爆满，许多人只能在外面默哀致意。为什么这么多不相识的人去送他？他已经不能给这些人任何好处了。你会发现这是因为他的人生价值超越了他的人身价值。

第二个例子是"调查局"侦办海关集体贪污时，发现基隆海关六堵分局有一个年轻人拒绝收贿，在有被人"做掉"的威胁下，他对理想、价值和原则的坚持令人动容，成为典范。

第三个例子是老板在工厂倒闭两年后，把员工找回来，发放当年欠他们的资遣费总共 1600 万元。在老板逃跑是常态的社会里，一个老板依约兑现他的承诺，非常了不起，连维持秩序的警员都觉得怎么可能，可是这才是真正的做生意之道，诚信使他重新赢回乡亲与世人对他的尊敬。

某杂志 2008 年的调查发现，企业老板最在意的是人品，而不是专业知识。做生意，不管在世界的哪一个角落，都是以义为利、要重诚信才会成功。

这是一个功利的社会，但是我们也看到见利不忘义的人，真正受人尊敬的不是财富，而是品格。温世仁先生的追悼会有 2000 多人参加，我连挤都挤不进去，我跟他不熟，为什么我要去？因为我尊敬他，尊敬他不自私、造福别人孩子的胸襟与人格。

一个人的力量很渺小，但是只要有一人拒绝同流合污，就能对整个共犯体系造成道德压力；只要有一人正直守法，就足以凸显被扭曲的道德观。人是有选择权的，你可以选择像温世仁一样万古流芳，你也可以选择像美国的川普（Donald Trump）一样，他的钱虽多，却敲不开很多人家的门。要成为哪一种人，就看你的智慧了。

2011 年 9 月 9 日

礼貌是不变的价值

最近去担任一所研究所考试的甄试委员，这个领域现在当红，所以报考的人很多，面试了一整天。结束后，所长很过意不去，因为公家给的车马费只有 2000 元，她就自掏腰包请我们吃饭。用餐时，大家谈起刚甄试的学生都频频摇头，因为现在的学生坐没有坐相，有的坐下来，腿就跷起来了，甚至双脚叉开成八字形，只有少数学生腿并拢。离开时，会把椅子推回原位的学生更是少之又少。所长很感慨地说，现在知识翻新得这么快，两年前的教科书就没有人用，五年前的就废纸回收了。在科技日新月异的时候，学生只要肯学，其实不必管他现在的知识有多少，但是人品不端，以后会令系所蒙羞。

席间有位教授说，他去某大学演讲，回家后，一堆学生写电子邮件来要投影片，原来是要写报告，最简单的方式当然就是直接跟老师要投影片，有学生还特别注明"请务必回信"，让他哭笑不得。

教授们话匣子一打开，每个人都有类似经验，最普遍的就是"不具名"，也就是说，向老师请教，却不告诉老师你是谁，这种信只好直接退回，因为我们不处理匿名信。

所长的先生说，他的公司招考员工时，他一时兴起，走进去看他的人事主任如何筛选新人。只见主任很客气地跟应征者递名片，那人转身看到他，便把手伸出来，大剌剌地问："那你的呢？"他吃了一惊，不能相信竟然有人这么鲁莽。他说，在别人的地盘，人生地不熟，不可以摆出高姿态。看到陌生人，一定先探别人的底，不可先假设别人地位低。他虽然是开玩笑地讲，但是意思很明显："你们大学教了什么？怎么教出这样不知天高地厚、目空一切的学生来？"

其实不只是学生，整个社会的价值观都出了问题，很多人把无礼当作性格，把邋遢当作时尚。其实，不注意衣着、蓬头垢面、不修边幅，不是豪迈，是不尊重别人的表现。粗俗也不是率直，是没有品味，一些描写性器官的话不可在庙堂上讲，它不代表草根性，它只反映出没教养。前警察大学的教务长黄富源教授说得好："率直是良好的质量，礼貌是永远不变的价值。"直来直往不做作，很好，但是必须有礼貌，不然就是粗鲁。

我们从小被教导礼是规规矩矩的态度，义是正正当当的行为，当大家都守规矩时，社会自然就安定和睦。现在因为新闻娱乐化，天天大幅报导艺人结婚、外遇绯闻，让孩子误以为这就是人生，行为就该这样。又因为这些没营养的新闻严重压缩国际新闻和一些重要民生经济议题，使学生没有视野、无法判断是非，念了很多书，却完全不知道自己的行为给别人什么样的观感，当他们抱怨找不到工作时，能怪谁呢？谁愿意和粗俗无礼又自大的人共事呢？

教育是国家的根本，品德是做人的根本，切莫等闲视之。

2011 年 11 月 20 日

领偏乡孩子走进阅读之门

在报上看到屏东县泰武小学的孩子每天早上上学的第一件事，便是去学校图书馆，享受阅读的乐趣。为什么这些排湾族的孩子特别喜欢阅读呢？其实是学校为他们打造了一个良好的阅读环境。地震把原来的校地震裂以后，就盖了新学校，在盖的时候，学校就设计了友善的图书馆，里面铺了木地板，光线明亮，又有很多"懒骨头"，可以舒服地坐在上面看书，学生就被吸引进来了。

有人说，天灾是老学校起死回生的机缘，讲起来很残酷，但是的确如此，旧的不去，新的不来，没有地震、土石流，今天台湾地区很多学校还是有壁癌的阴暗水泥教室，采光不好，因为早期教室的墙都砌得高高的，避免学生上课时看窗外，会分心。高墙挡住了孩子的好奇心，也挡住了光线。地震后，灾区重建，符合人性的建筑和新的教育理念就有机会进来了。我遇到好几位校长在地震后都说："幸好本校受灾不严重"，但是看到别人美仑美奂的新校舍时，又感叹："怎么当时没有多震一下？"

其实中国人过去那种"还可以用，就将就用"的观念，用在教育上是不对的，明亮开阔的美丽校园会使学生心情愉快，它是美育的一部分，校园中尤其不能没有树，树代表着生命，它会苗长，也代表着大自然的定律，春去秋来、花开花落；最主要树下常是童年回忆的所在地。我每次看到校长砍树，心里都很难过，有位校长因为校务评鉴时，校园被评不整洁，就把树砍掉，使校园没有落叶。这种没有人文素养的校长怎么培养出有人文气息的学生呢？

地震后，有额外的经费注入灾区学校，使学校得以聘请音乐、美术、陶艺的老师，很多学校因为这笔经费使原来没有机会接触到乐器或陶艺的孩子有了不一样的人生，其实这些本来都是学生应该享有的，为什么非得等到灾难来了，才给他们呢？

打造一个友善的读书环境并不难：地板垫高十公分，铺上木板，一平方米大约1500元，60多平方米的教室花十万元就做起来了。懒骨头，连运费，一个1300，十个才13000，这些价钱没有虚报，因为泰武的懒骨头是我买的。不用花很多钱就可以替孩子打造一个早上抢着去看书的环境，为什么我们却没有替孩子做呢？这次"大选"辩论，三党都没有提出他们的教育政策，三个领导者怎么都没想到学生教好了，监狱不必盖那么多，生命教育做好了，吸毒、酗酒、忧郁症不必夺去那么多有用的人才。人人都有一技之长时，老年年金就不必引发口水战，有工作就有退休金。

教育是一切的根本，阅读又是教育的根本，教会了孩子阅读，就等于给了他一把打开知识之门的钥匙，这是何等贵重的礼物。如果你行有余力，请替偏乡孩子的阅读做一点事吧！这是缩短城乡差距最好的方法。

2011 年 12 月 5 日

期待文化艺术生根茁壮

我问同事："你们觉得这一年印象最深刻的是什么？"想不到几个人都说："去欧洲免签证。"

一位同事说，他临时决定护送一位老神父回意大利家乡，买好了机票，回家收拾行李时，一直觉得少做了件什么事，心中惴惴不安，睡到半夜，突然坐起来惊呼："啊！忘了办签证！"顿时吓醒。后来才想到"现在不需要签证了"，便快乐地倒头再睡。他说，这才是真正"行的自由"，想去哪里就去哪里，他现在在等美国的免签。

另一位刚从欧洲开会回来的同事说，以前进欧洲海关要捺指印，还要被盘问，好像犯人似的不受尊重；现在轻松过关，移民局的人还跟他说"欢迎"，让他受宠若惊。

我们一般很少感受到公共形象的重要性，因为早期去岛外的人少，而且购买力低，很少接触到当地的店家。但是自从经济起飞，百姓所得提升后，去岛外旅游的人变多，开始感觉到形象关系着我们的颜面，执政当局清廉有操守，我们走出去，抬头挺胸。

我记得1986年，菲律宾的马科斯仓皇下台时，他太太在家里留下3000双鞋子，上了《新闻周刊》，成为国际丑闻，当时心理所中有位菲裔的女研究员，去餐厅吃饭时，被人问到这件事，她觉得困窘，气得回到实验室大哭。

现在我们的体育连连得奖，没有人敢再说我们是"东亚病夫"；学生在创造力比赛上包办金牌，在国际上也没有人再笑我们是"傅满洲"。我们的软实力，如环保、排队、礼让博爱座，在年轻的一代已形成风气，但是就整个社会来说，还是不够，我们还没有把我们最大的资产——文化表现出来。

文化的熏陶要从小做起，前几天我在南投的文化中心看到了一场精彩的艺术生根、文化教育的表演：900个原住民小学生坐游览车下山，欣赏国光剧团为他们准备的《三国计中计》。演出前详细介绍什么是生、旦、净、末、丑，他们的扮相及唱法，还有京剧中无布景，如何靠肢体动作来表达开门、推窗、荡舟等意境。《草船借箭》那一幕让孩子高兴到不行，因为国光剧团特别准备了有吸盘的箭，使学生可以直射到草船上的稻草人身上，当诸葛亮高喊"谢丞相箭"时，学生都哈哈大笑，剧演完了还不肯上车离去。

在下一个百年，我们应该加强文化教育。一方面用我们深厚的文化来吸引观光客，一方面也培养百姓对自己文化的认同。

2011 年 12 月 18 日

第四部分

公义社会的实现力

为官者当积极作为

我有一位朋友是著名的经济学家，白天不出门，只有晚上才出来走动，问他为什么，他说，夜幕是个障眼法，天一黑，所有的肮脏污秽都看不见。他苦笑说，自己忧国忧民大半辈子，换来忧郁症外加焦虑症，现在只好自己骗自己，反正人生不满百，两腿一伸之后，缺陷还诸天地，管他债延子孙。

我当时很不以为然，经过 SARS 洗礼后，突然了解生活在现在的社会，只有自己骗自己，日子才过得下去。SARS 就像黑夜里的照明弹，把过去我们不愿看、不去想的问题全都暴露出来，从口罩荒到入学考试一天三变，我们才突然发现，整个当局的表现是如此的无能，我们像在温水里烹煮的青蛙，已经不感到被骗了。

在爆发的这么多问题中，最不可忍的是离岛人民的不平等待遇。离岛人一旦染病，求救无门，只有自生自灭。金门的陈女士在医院门口的救护车上躺了一天一夜，硬是没有办法转送，最后在金门含恨而终；澎湖的黄姓夫妇也是没有办法转送，最后由军舰运送，可怜病人在甲板上风吹日晒，折腾到高雄就过世了；另一个病人所遭遇到的情形更过分，她是在"行政部门"信誓旦旦已做好"离岛地区紧急防疫后送机制"之后才发病的,一样无法来就医,连民意代表都出动了,仍然无效。

一层层关卡,一个个官僚,回答都是"非职权所在",最后电话打到了"内务主管部门负责人",这个总管全台人民福祉的人家里,他是有职也有权的,想不到一句"天亮再说"就挂电话了。不死心的民意代表想再打时,人家就寝了,离岛小民只好听天由命等天亮再说。在口口声声公仆的时代,竟还有这种事?

我看到这消息时,脑海中浮起元末张养浩的《山坡羊》——"宫阙万间都做了土。兴,百姓苦!亡,百姓苦!"生为现代人,空有高科技,没有好官吏,百姓一样苦,离岛人更苦。

清朝纪晓岚在《阅微草堂笔记》中有一则:一官死后赴阎王处报到,因自居清官,不肯下跪,阎王喝叱道:"你虽无贪赃,为官亦无所为,凡事只求自保,为避嫌不挺身而出,不仗义执言,不主持公道,为官无力就是有罪。"令左右打去乌纱帽,推入轮回。

好个"为官无力就是有罪"。有官守者,要挺身而出,为民谋,不得其谋则去,不可以尸位素餐,等天亮再说,要知道"尔俸尔禄,民脂民膏"。金马澎湖人民一样交税,一样服兵役,当他们尽了义务时,我们对他们的保障是什么?我们能怪老师不愿去离岛吗?"宁做台湾狗,莫做离岛人。"生在离岛的人啊,你是否也有这种感慨呢?

2003 年 7 月

不容颟顸官僚漠视人民

"国教司"司长吴财顺说："最早的教育来自生活；父母是老师，家事即教材，不然课本教得再多，教出一堆生活白痴有何用？"这句话说得好，教育本来就不应和生活脱节。但是在同时，我们看到"智慧财产局"的官员们在2003年将民间传统的绑鱼法变成专利，要到2021年才解除。愤怒的渔民到台北来抗议公家断了他们的生路，有渔民激动地说："绑鱼干脆公投算了。"

民间生活的方式不能列为专利管制，绑鱼是世代相传展示活鱼的方法。市场上比较贵的鱼都用红绳从鱼鳃到鱼尾绑成鲤鱼跳龙门的姿式，使鱼在水桶中不会因为弹跳蹴撞而使鱼鳞受伤，卖不到好价钱。

这种绑鱼法是先人的智慧，不能被捷足先登者登记成为专利。官员说："渔民有没有侵权要经过法庭鉴定，不然有民事、刑事责任。"可怜渔民哪有工夫上法庭鉴定，更不用说请律师打官司了。

我想起小学时语文课本里的文章："天这么黑，风这么大，爸爸捕鱼去，为什么还不回家？"那些在冷气房中的人可曾想过渔民的辛苦和看天吃饭的无奈吗？官员大笔一挥，人民颠沛流离。一年五万份申请案是很多，但是不能因为"人手不够，只能依照诚信原则，相信发明者有独创性"，就让申请者轻率过关。

正因为人不可能知道所有的事，所以专利审查设有审查人制度，邀请专家来帮忙审查，以保护民众的权益，不然什么都可以提专利的话，传统的染布法、酱油酿造法、包粽子法、草席草帽编织法、绑鞋带法……，是否都不可以做了呢？

一个社会最可贵的是文化遗产，它是父传子、子传孙的一脉相传的生活方式，不可以被投机人士立为专利，断绝善良老百姓的生路。这件事点出我们高考及格官员对传统技能的无知与对弱势人民的无情。官员们一句"寻求'法律'方法，向'智慧财产局'提出举发举证，通过审查后便可以撤销专利"，就把责任推得一干二净。但是不出海就没有饭吃的渔民有这个能耐上法庭打官司吗？在等待专利撤销的期间，他们的生计如何维持呢？

"饱汉不知饿汉饥"，一个三餐无虑的人是不会知道等米下锅的痛苦。公家机关办事要耐心、信心、恒心，三心不可少，但是人的肚皮是每天要吃饭的，当家无隔宿之粮时，耐心就变成伤心，信心就变成痛心，恒心就变成死心。一个错误的判断应该要立刻改正，不可以要求渔民提出"法律"程序，因为错不在渔民。"民困而不知救，吏奸而不知禁"，我们"监察部门"的柏台大人呢？

2003 年 9 月

不为一己之私操弄他人

几年前，去岛外开会，顺便想找些新人来加入我们的研究团队，想不到我中意的人都不愿意回来，除了认为法令跟不上时代，使研究者绑手绑脚之外，有一个理由竟然是会议太多，占去做研究的时间。回到旅馆后，我静下来想一想，会议的确多了些，在SARS时，许多会议都被取消，突然之间，每个人都觉得时间多了许多。有人说"日本人税多，中国人会多"，仔细想来，此话不虚，很多会其实可以不开的，只要首长肯负责任，不要弄许多委员会去分摊责任，大家就可以节省很多时间。

委员会可以说是中国现代政治的精华，任何事，不论大小，都组个委员会。委员们的建议有没有形成决议，委员们并不知道，但是最后通知书出去时，是某某委员会的圆章，将来追究起责任来，首长双手一摊，说："我不知道，这是委员会的决议，与我无关，我'尊重'委员会的决议。"把自己的职责立刻降到公仆地位，好像只是执行者而已。但是委员会决议如果不符合"上面"意思，那么这个会就会一开再开，开到上面满意为止。

委员会是个看不见、摸不着的东西，不像人是有血有肉的形体，群众可以追着打。只要是人的决定，冤有头、债有主，责任推不掉；委员会的妙用就像罗马的西泽大帝被刺时，一人一刀，每个人都有份，责任分摊了就没有事，所以会就愈开愈多，人也愈来愈忙，生命也愈来愈虚掷了。

《围城》的作者钱钟书曾经对中国的会下过一个定义，非常地好。他说："邀些不三不四的闲人，谈些不痛不痒的废话，花些不明不白的冤钱。"中国的官若是肯负责，我们也不会落到今天这个地步。很早以前，我在美国博物馆看到一块长城的砖，这块砖2000年了，还完完整整，砖的背面刻有"某保某甲某里某户制作，某某监制"，责任的归属刻得非常清楚，做坏了，不但制砖者要斩首，连监制者也连坐，所以在没有钢筋水泥的古代，一块砖可以抵挡塞外风沙千百年而不坏，这是负责任的结果。

外国的工匠也常在作品底部刻上自己的姓名缩写，表示负责，这种对自己决策负责，为自己作品感到骄傲的敬业精神，现在已经愈来愈看不到了。

街上锣鼓喧天，又在抗争。目前愈来愈多的自力救济，难道不是这种肩膀无担当，以会养会，责任分摊的结果？当我们遇事不知该找谁理论，如果不愿无语问苍天，就只好头绑白布条上街头，不然"委员会"怎么会出面给你一个答复呢？

2003 年 11 月

换了位子，当真就换了脑袋？

"公投"是执政者的巧门，却是全体人民的罗生门。说它是罗生门一点也不为过，若非如此，为何要动用新台币一亿元的第二预备金，印刷 900 万份说帖寄到寻常百姓家？照说"公投"这么重要的事，应该是正反意见鲜明，才要取决于人民，怎么还要写说明书或不停送解说团到岛外去解释？一个没有争议的题目何需公投？难道找不出更好的方式，去花这四亿元的经费？很多人不解，从前勇于批评时政的清流学者，为何当官后，换了位子就换了脑袋，不再为良心或真理，而只为政策辩护，不论这政策如何不堪？

对于这些疑惑，我不得不佩服美国心理学家早在 50 年前就看透人的本性，提出"认知失调理论"。他们发现人一旦做了决定，必须誓死维护自己的决定，不然就是承认自己不智，心理不平衡的日子是过不下去的。因此一旦决定打仗或办"公投"，必须誓死找出这个行动的理由。虽然明眼人都看出这是硬拗、强辩，但还是得信誓旦旦地去说服别人，以换得自己的内心安宁。

夜阑人静时，"中选会"委员心中可能会有小小的声音说，这件事错了，但天一亮，又必须戴上自信的面具，去说服老百姓办一场没有反对意见的公投。

其实，很多事不宜公投。百姓的行为不像我们想的那么理智，心理学实验让我们看到，正直善良、有教养、有阅历的民众，会做出残忍，甚至致人于死的事。

1963年，耶鲁大学教授米尔格兰（Stanley Milgram）登广告以每小时4.5美元的报酬，吸引一批来自社会各经济阶层、教育程度各异的中年人，到他的实验室做一个假的"记忆"研究。他要受试者"老师"念一长串配对的字给另一个受试者"学生"听，听完后测验。"学生"答错时，"老师"以电击惩罚，从15伏特开始，每错一次增加15伏特，最高为450伏特。但是到400伏特时，仪器上贴着"危险，强烈电击"的警告，最后两个电击开关则贴着骷髅头。

虽然在真正的实验室中并无"学生"，但在操作室的"老师"并不知道，透过麦克风的对答，他以为真的有人在那儿被电击。实验前，许多学者，包括40名精神科医生都认为人有是非判断能力，尤其是已有社会经验的中年人，不可能对一个无辜的陌生人下毒手，认为最多只有2%的人会如此做，想不到实验结果发现有65%的受试者一路做到450伏特电击。

这个实验震惊全球，人的服从性强过理智与良心，尤其是东方的民族性更是驯良。所以领导者不可为一己之私，操作"公投"，利用善良老百姓的服从性，辜负全体人民对领导者的信赖。

2004年3月

执法者不可乡愿

报载一名曾经性侵害十一名女童的人被判刑六年，关了四年之后，假释出狱，结果立刻又在一星期之内，连续强暴六名女童，最小的还不到四岁，而且作案手法残忍。这个人落网后还大言不惭地说只要他再出狱，一定将他多年来性侵害女童的行径拍成电影，供人观赏。

在医学上已经知道这种累犯的大脑不正常，如果生理的原因不去除，行为不可能改变，放出来只会伤害更多无辜的人，但是我们的"法律"只看到受刑人的权益，没有想到受害人的权益，放这种人出狱，说得难听点，放人的是共犯。

《阅微草堂笔记》有一则故事：一个人在衙门司刑名四十年，病危时，看到灯下恍惚有人影，就大声说："我存心忠厚，从不敢妄杀一人，什么鬼敢来胡缠我？"晚上时梦见好几个浑身是血的人来跟他哭诉："你只知道刻酷会积怨，你不知道忠厚也会积怨。一个人被人屠杀将死时，楚毒万状，唯一希望就是坏人就诛，一申积愤。但是你只看到生者可悯，不见死者可悲，你替他曲相开脱，使凶残漏网，白骨沉冤。"这个人影接着说："你想想看，假如你无辜被人屠割，有人把重伤改为轻伤，多伤改为少伤，理曲改为理直，有心改为无心，使这个切齿的坏人从容脱械，纵横于人世，你难道会不怨吗？枉死的人不找你，要找谁呢？"这个人一惊而醒，把梦境告诉他儿子后就死了。

这真是一个发人深省的故事，消极放纵跟积极作案同样有罪。

中国以前有"四救"的恶习：救生不救死，救官不救民，救大不救小，救旧不救新。想不到现在还是如此。有个妇人被持开山刀抢劫的歹徒砍断了手臂，她赴医院就医时，警察拿来的报案笔录竟然是"伤害"，而不是"抢劫杀人未遂"，致使受害人坚决不肯签字，结果登上了报纸。

至于救官不救民，救大不救小，更是司空见惯：官愈大，涉案的人愈有势力，搞不好皇亲国戚、退休高官都在内，一个七品芝麻官哪里招惹得起，老百姓算什么呢？大官的案子有谁敢办？中国五千年历史也只出了一个包公。连动摇国本都要办下去的案子，也都没有下文，找个小官顶罪又算什么？不是有事弟子服其"牢"吗？谁叫你是小官呢？何况哪里没有冤死的人呢？

公平正义是社会秩序的圭臬，法律是社会正义的最后一道防线，执法者切不可乡愿，辜负了人民的期待与寄托！

2004 年 7 月

匡正粗鄙下流的恶质文化

到德国开会，住在柏林的一家旅馆中，清晨六点多，突然听到喇叭声，在寂静的欧洲的早晨，这是一件不寻常的事，所以我走到阳台看个究竟。原来有一辆运送浆洗好床单的大卡车，车尾挡住了停车场车道的出口，有一辆小客车要驶出，因而按喇叭。

我从上往下看，觉得卡车只挡住一部分车道，小客车只要开上人行道一点点便可绕过去，但是驾驶员显然不知道，持续按喇叭。这时与会的一位印度籍医生晨跑回来，看到了这个情况，便上前比手画脚地告诉他可以开上人行道脱身离去，想不到这位驾驶员摇摇头，大声说："那是违法的"，硬是等到卡车司机出来移动车子才驶出来。

看到这一幕，我心中很震撼，因为突然之间，我了解普林斯顿大学高等研究中心的人类学家格尔茨（Clifford James Geertz）在《文化的诠释》（*The Interpretation of Culture*）一书中所说"文化是控制机制"（control mechanism）的意思了。

文化不仅仅是服饰、习俗、生活型态与传统，它是思考方式、计划策略等无形的规范。文化直接影响思想型态，它使你根本不会去想可以那样做，它是无形的控制，当你做一件事时，你以为你是在执行你心智的自由意志，殊不知这个自由意志，其实是千百年来文化加诸你身上的规范。

李鸿章出使英国时，在维多利亚女王的宫殿地毡卜叶痰，别人侧目，他却丝毫不觉失礼，因为在中国的文化中，这是一个可以接受的行为，他根本没有想过这个行为是不可以做的，这就是文化是控制机制的意思，文化使你根本不会去想其他的可能性。只有改变思想，控制思想，政权才会巩固，枪杆子固然可以出政权，但是想要保有政权，必须靠笔杆子去倡导新的文化，塑造典范人物去形成新的风气，政权才可持久。

在任何社会，上位者的喜好都会造成风气，形成时尚，人民会竞相效法，例如宫中好细腰，民间自然就有饿死的女子。了解到上行下效的厉害，不由得为台湾地区现在政坛的歪风忧虑，因为目前的时尚是愈粗鄙、愈下流的愈出锋头，电视争相报导，小学生竞相学习，这种恶质文化再不匡正，恐怕再回头已是百年身了。

我们社会确实是走到了转型的临界点，旧的文化逐渐崩溃，但新的文化仍未成型，所以整个社会展现的风貌就是迷惘无依。此其时，也是建立新文化的契机，一个好的榜样，就会使我们的新文化有品味、有格调；相反，坏的榜样愈多，则所建立的新文化就是庸俗的，这就是沉沦。

2004 年 11 月

"利"看得远就是"义"

社会上一连串黑心事件使得老百姓如惊弓之鸟，黑心床垫、黑心素食、黑心蜜饯、黑心猪肉、黑心瓜子、黑心鸭蛋、黑心粽子、黑心色拉油、黑心糯米粉、黑心游览车……无所不包。

开门七件事统统有被黑心的危险，令人坐立难安，我有一位同事在黑心糯米粉事件之后，决定脱下实验衣回家洗手做羹汤，因为对外食已完全失去信心，为了健康，只好自己一切从原料做起。

生活过到这个地步，可以说是民不聊生，但不见公家机构拿出什么方法，来维护人民基本生活的安全，难道我们就这样逆来顺受、自求多福了不成？

"profit"的中文是利益，商人将本求利是天经地义之事，但是必须取之有道，有句话说得好："'利'看得远就是'义'"。义的另一面就是"益"，若民众有益，利自然源源不断而来，所以利一定要有益才可以去追求，不然就是不义之财。

我父亲去南洋经商时，祖父叮咛，只有心安的钱才留得住，我父亲也这样教我们："善有善报，恶有恶报"，现在人不再有这个观念，其实善还是有善报的。

台达电为了减少印刷电路板重金属污染，开始研究无铅焊锡的技术，这个无铅焊锡的成本比含铅的高了十倍，但是铅有毒，污染环境，危害人体，所以台达电仍毅然决然投资研发这种技术，想不到生产线开了以后，拿到 SONY 大量订单，益带来了利。

可惜这种事很少被报导，年轻人看到的，都是抄短线捞一笔后恶性倒闭的负面新闻，加上我们对这种事拿不出办法，变成恶有善报。在有样学样的情况下，年轻人不再脚踏实地，而冀求做一票享乐一辈子。

人民还未走出政治的白色恐惧，却又走进了食物的黑色恐惧，及诈骗的金色恐惧。从上到下，"无诚信"已是社会的代名词。

1905 年，辛克烈（Upton Sinclair）写了《屠场》（*The Jungle*）这本书，揭发美国工人把肉类加工厂中横行的老鼠连皮带毛丢入碎肉机中制成香肠，当时罗斯福总统读了之后大怒，下令彻查。1906年美国颁布两个法案，一是肉品检查法案，另一是食物及药物洁净法案，美国在严格执行后，立刻杜绝弊案。而我们呢？

道德的低落，不是加考公民就可以挽救。《菜根谭》说："居官，惟公则明，惟廉则威。"一个不明不威的执政当局，叫百姓如何过活呢？

2005 年 7 月

惩治虐待外劳的幕后黑手

中国人喜欢骂人畜生，自认为比动物高等，是万物之灵，但是后来读动物心理学时，发现并非如此：狼为了争地盘或交配权会大打出手，但是只要输的一方跪下、将颈子伸长，做出臣服的样子，对方就会停止攻击，饶它一命，然而人类却是赶尽杀绝。历史上这种例子不胜枚举，京剧《赵氏孤儿》故事里的《搜孤救孤》就是一例。相信读过李华《吊古战场文》的人就会感到人类杀戮的惨烈，想到秦将白起一坑赵军就是40万人，真是不寒而栗。在这一点上，人其实不如禽兽。

最近科学家更发现动物也有同理心：他们设计一个情境，一只饥饿的老鼠只要一按杆，就有食物掉下来，但是这个杆通到隔壁笼子中，它一按杆，隔壁的老鼠就被电击。结果这只老鼠会主动减低食量。猕猴也是如此，而且更能抑制自己的食欲，有一只猴子甚至两个礼拜没吃东西。

人类的婴儿也会，育婴室中只要有一个婴儿哭，其他的婴儿会一起哭。幼儿园的孩子看到别人被惩罚时自己会跟着哭。但是这种感同身受的心理，愈长大愈淡薄，社会经验愈多，同情心就愈少。

高雄地铁泰劳受虐事件就是一个例子。看到他们几十个人挤在一个闷热不通风、仅容翻身的通铺，汗流浃背地睡，真是人间炼狱，跟 19 世纪的奴隶船差不多，只差没有脚镣而已。最可恨的是他们的血汗钱自己拿不到五分之一，都被层层剥削进入黑心有力的人的口袋。当我们看到社会有这种不把人当人的凌虐时，真是为生为台湾人而感到羞耻，不能想象我的同胞之中竟有这种连禽兽都不如的人，做出这种丧尽天良的事。我们要问，我们的品德教育出了什么问题？为什么当义务教育提升到九年之后，竟然有这种事发生？

在《非洲皇后》（*The African Queen*）这部奥斯卡金像奖电影中，凯瑟琳·赫本（Katharine Hepburn）对亨佛莱·鲍嘉（Humphrey Bogart）说："欧纳先生，教育的目的就是使我们超越动物本性。"

从高雄泰劳受虐事件看来，我们的教育对这些黑心的人不但没有达到教化目的，连基本的动物本性都未超过。如果不惩治虐待外劳的幕后黑手，从此没有资格再谈人权。我们有权要求对社会有个交待，毕竟台湾地区的名声是全体老百姓胼手胝足建立起来的，不容许少数特权分子玷辱它。

2005 年 10 月

五十元买最后尊严

饺子店的老板常用旧报纸包冷冻水饺，我在煮饺子时，会顺便看一下报纸，不浪费时间。有一天，看到一篇读者投书《生命最后的尊严》。这位读者有一名失业的男性友人，一家四口用一百元过一天，读者去友人家时，偶然在他的扑满里看到一枚五十元硬币，就拿起来摇一下，友人腼腆地说："那是生命最后的尊严。"

当时，他并没有听懂这句话的意思，以为表示家里还有点储蓄，后来在电视上看到这位朋友带着妻小烧炭自杀了。

读者到朋友家，看到那个扑满空了，桌上有张发票：炭，五十元。他才了解"生命最后的尊严"是什么意思。

这真是悲惨，令人不胜唏嘘，就像上战场的战士把最后一颗子弹留给自己一样，让自己能有尊严地离开这个世界。

报纸另一面是财大气粗的大老板拥着两位美女，表示公司"尾牙"花了七亿，顿时觉得这版面很刺眼，急忙跳过去，真是朱门酒肉臭，路有冻死骨。再把报纸翻面，看到灯节要花一亿三，要薄海欢腾、普天同庆。这时只觉得很愤慨，有人已经在用最后的五十元来维护最后的尊严了，公家却还拿着人民的血汗钱在做繁华的假象，像这样的新闻，实在是看不下去。

公家的钱应该用在为老百姓谋福利上，最基本的福利就是人人有饭吃。饭都没的吃，还点什么花灯呢？灯应该点在老百姓的心中，不管这个世界多黑暗，只要老百姓心中是亮的，这个国家一定有前途，假如表面上歌舞升平，但老百姓心中泣血，这假象又能维持多久呢？

从神经学上，我们知道要改正一个行为，不是说"不"就可以使这个行为不发生，还必须找出要的行为，用要的行为去取代不要的行为。光是倡导不要自杀是没有用的，必须替人民找出一条生路，他们才能活下去。

目前必须要整顿治安。许多人被地下钱庄逼得走投无路，或一生积蓄被骗光而选择自杀。然后应大力扫除诈骗和讨债集团，先把前门的狼跟后门的虎去除，然后从务实的教育做起，让人民能有一技之长。

现在世界的潮流是非技术性的产业外移，移到印度、巴基斯坦、越南等工资低廉的地方，剩下来的是技术性的产业，经费应该投资到提升国民的技能上，以维持竞争力。

但我们的教育没有赶上时代的需求，台湾当局常说财政困难，要削减教育经费，偏远小学学校荒废，却有钱办花灯来讨好选民，专做昙花一现的"烧钱"事，我们应该把这些钱用到基础教育上。

把纳税人的钱用到教育上，提升竞争力，冰岛、芬兰、爱尔兰都是我们的榜样。希望公权力能以苍生为重，用务实的行动，点亮老百姓心中的灯。

2007 年 4 月

攻心为上比乱世用重典有效

小偷猖獗，有人回家时觉得怪怪的，仔细一看，铁门被偷走了。还有机车骑士从下水道口跌下去，因为盖子被偷了。有小偷把路灯电缆偷走，使得高速公路入口一片黑暗，驾驶人一时不察，逆向行驶，造成四死一伤。而有个农民一个月内灌溉马达被偷十次，抓到小偷后，忍无可忍，大喊"打给他死"。连门口有警卫的朋友家也失窃了，小偷把她母亲留给她的唯一纪念品——一对翡翠耳环偷走了，令她哀伤不已。

对于治安败坏，有人提议乱世应用重典。但是用重典，还得有方法。汉武帝末年，盗贼乱起，朝廷颁"沉命法"曰："群盗起，不发觉，觉而弗捕满品者，二千石以下至小吏主者，皆死。"结果小吏畏诛，虽有盗不敢说，官府当然也不敢说，上下相匿，盗贼就愈来愈多。所以用重典还得先学一下心理学才会有效。

到唐朝时，崔安潜为西川节度使，他诘盗的方法是把府库的钱搬到市场上，让每个人都看到，然后出榜示："告捕一盗，赏钱五百缗，侣者告捕，释其罪，赏同平人。"不久果然有人来告发了，被捉的强盗很不服气地说："他与我一起当强盗当了十七年，每次抢来的东西都平分，为什么只捉我一个人？"崔安潜说："你既然知道我出榜示，为什么不捉他来？如果你捉了他来，那么现在就轮到他死，你受赏了，既然是你先被他捉到，你死还有什么话说？"命人当着强盗面给出首的人赏金，然后杀盗于市。这样一来，强盗和他的同党之间立刻起矛盾，彼此互相猜疑，既然是先出首者赢，不忍出首同伴又怕被同伴出首的人就连夜逃走了，"夜不及旦，散逃出境"，境内就没有一个强盗了。

1957 年，心理学也有一个"犯人的两难"实验：两个抢匪同时被捉到，检察官将犯人隔离审问，给他们一个简单的选择，如果两人都认罪，检察官求刑八年；假如都不认罪，只能以非法拥有枪支获罪，各关一年；如果甲认罪了，乙不认，甲就是证人，可以缓刑，而乙要关二十年，反之亦然。这是心理学中社会互动的一个著名研究。人都知道哪一种选择对自己最好，但是因为惊恐，加上不信任对方，会选择演化上"不适应"的行为出来。

制法、执法时都要考虑到对象是"人"，要攻心为上，利用人性的弱点使强盗窝里反，自相残杀，这样不费一兵一卒就可收效。切不可拘泥于条文，像报上刊登检察官说性骚扰的咸猪手没有摸到胸部，只摸到肋骨就不予起诉，失去了法律的公义性。

一个地方治安不好，有很多原因，饥寒起盗心是一个原因；官官相护，使做坏事者逍遥法外，也是一个原因。最根本的原因是人民没有羞耻心，报上刊登大学生诈骗独居老人 400 万元，还用手机自拍拿着赃款的得意样子，炫耀于他人。像这样礼义廉耻皆无，才是现在社会治安败坏最大的原因。既然是攻心为上，就要拿出办法，从人民的心中去重建维持社会秩序的礼义廉耻。

2008 年 1 月

行事可变通，但心中的尺不可变

吃午饭时，电视新闻播出知名商人带着妻子逛街"血拼"的新闻，大家一阵错愕，立刻群情激愤地发表看法。

有人愤愤不平地说："这种人不收押，我税缴的不甘愿！"有人大骂法律不公平，单亲妈妈欠了一万两千元的罚金，连年夜饭都不能吃，被抓去关，要念中学的儿子出来卖饼赚钱，让母亲交保；但是欠三亿元的生意人却可以吃大餐、买钻戒、开名车。也有人开玩笑说，会不会坐牢其实是看各人的本事，只要有钱，就可以聘请名律师，钻法律漏洞，逍遥法外。

我想起以前上法律系的课时，老师说："我们都说世法平等，其实这是障眼法，世法是不可能平等的。比如说，河水深四尺，这是法度，对所有人都一样的。但是假如你身高超过四尺，渡河就无碍，水淹不到你；如果身材没有四尺高，这时就要看你游泳的功夫了，有人安全过关，有人溺毙。它还是法，但是八仙过海，各显神通，端看你的本事如何。"

我当时听了气愤不已，如果连社会正义最后一道防线的法律都是这样，还念什么法律系？出了社会后，经历多了，才了解老师说这些话的无奈。

理想与事实常不符，只要牵涉到人，就做不到公平，因为人有私心。

清代大学士纪晓岚，曾因私忘公而遭贬谪。纪晓岚是清朝的名臣，照说他应该是高风亮节，为后世楷模，但是他的亲家是盐官，被御史参一本，乾隆要查。纪晓岚因为任职军机处，行走上书房，先知道了这件事，便寄了一信警告亲家，信中只有一把盐、几片茶叶。虽然没有只字词组，但是一看就知道"查盐"，对方马上就填补了亏空。

这事被乾隆知道后，把纪晓岚贬到伊犁去充军。纪晓岚当然知道不该通风报信，但是想到女儿在对方家里做媳妇，就还是循私了。

曾经有个县官在衙门贴了大字"不要钱、不要官、不要妾"，结果有人在后面用小字添上"不要钱——嫌少、不要官——嫌小、不要妾——嫌老"。

现在教孩子最困难的就是举不出好的例子来当做楷模，因为媒体报导的大都是负面新闻。有人说，中国人喜欢圆融，事缓则圆：只要有关系，就是有关系也没关系；如果没有关系，就算没关系也变得有关系。这是不正确的。

我们要告诉孩子虽然行事可以变通，但是心中的尺不可变，做人还是要非廉泉不饮，非梧桐不栖，贼禄一定不可养亲。

生命到最后，面对的是自己的良心，不是法律。做一个读书人最起码要知所进退，有所为，有所不为。

2009 年 10 月

勇敢面对不公义的事情吧

2011年，台中夜店大火，夺去九条人命，想不到尸骨未寒，在野党的议员就持着火把进议会作秀，真是"亲戚或余悲，他人亦已歌"。

我们不禁要问："这些人的同理心、同胞爱到哪里去了？为何在大家闻火变色的时候，又来玩火吓人？难道议会中没有包泡棉的隔间与装潢？死了九条人命还不够吗？"对照日本地震后，在野党的表现，我们真是太惭愧了，俗语说"患难见真情"，灾难显现出的正是一个国家的修养与文明。火把秀这件事显现出我们议员的水平与只顾对立、不顾良心的态度令人感慨。

其实这种拿别人伤痛开玩笑的行为也是一种霸凌，霸凌的定义是"故意的、蓄意的敌意行为"。

我们社会的霸凌很严重，几乎每个人在成长的过程中，都有被羞辱、排斥的经验。其实，所公布的数据远低于实际的情况。霸凌最基本的机制是模仿，连出生41分钟的婴儿都会学实验者做鬼脸，议员岂可在电视机前做出霸凌的坏榜样？

有良知的人一定要站出来指正，不可让孩子误以为霸凌是被允许的行为，让这样的恶风继续延伸下去。错误的行为如果被放任，就会变成习惯。

　　一般演员叫做角色演员，可以演任何角色，但是一个角色演员如果一直扮演某个角色，便会使观众对这演员与这角色产生联想，联结强固以后，他就成为定型演员，不能再扮演其他的角色了。约翰·韦恩（John Wayne）一直扮演西部片的英雄，到后来他厌倦了做英雄，想要演别的角色时，观众已经不能接受了。他不能演坏人，就像杰克·派连斯（Jack Palance）不能演好人一样，他们已经定型了。

　　所以持续模仿一个行为，这行为会内化成这个人的"天性"。一个孩子每天看到大人用拳头解决事情，下次他碰到挫折，想都不想，拳头就挥出去了。根据最近的科研报告，暴力行为的基因只占29%，其余的71%是后天的潜移默化。

　　要终结霸凌，釜底抽薪之计是从大人的行为做起：民意代表不可打架、骂粗话，问政时不可用讥笑、羞辱的言语伤害别人自尊心，媒体不可大肆报导这种不对的行为，更不可把坏人渲染成英雄。所有公民在看到不公不义的事发生时，要勇敢挺身而出，主持正义。

　　近来有个"受霸自杀"（bullycide）的新名词，意思是被霸凌者选择自杀，不愿再被霸凌，韩国女星张紫妍选择上吊而不愿再做性朝贡就是一例。姑息会养奸，当社会对弱肉强食的暴行不吭声时，霸凌就出现了。要维护一个真正的自由社会，我们要参与，站出来指责残忍的作秀行为，请投这些议员票的选民想一想，当下次事情发生在你孩子身上时，你可以忍受他们拿生命的流失来增加自己的曝光率吗？

2011 年 4 月

别当"盲从邻居"的选民

在近期一本杂志中，看到某高中的校长表示：几年前有位候选人在宜兰待了很长时间，有一天早上，他到任职的学校操场慢跑，被学生看见了。结果校长花了不少时间跟家长解释，他并没有把政治带进学校。他很自豪学校绝对中立，没有任何政治和宗教的立场。政治不介入学校是对的，但是我看了这篇报导，却深深感到我们有政治恐惧症，这是不好的。

我们一向视政治为蛇蝎，其实政治是管理众人之事，本身不肮脏，是人的自私和贪婪使它变脏，让洁身自爱的人不肯服公职。我们希望民众参与，不希望人民对政治恐惧，因为放弃参政权的人，没有抱怨的权力，一生的苦乐就由他人了。

美国前总统约翰逊说："真正自由的社会不是一个由旁观者组成的社会。自由最深层的意义在参与，全心全意、热情、理性的参与。"自己不做时，就不能怪别人做得不好。这位候选人只是去运动，并没有发表政见或做竞选宣传。当他没有从事竞选活动时，他只是公民，有基本人权，和一般老百姓一样，有权去开放的校园中慢跑。校长把政治不介入校园做字面上的解释是不对的，依校长的理论，候选人连球赛都不能去看了，因为政治不能介入运动。

　　因为我们对政治有这种错误的观念，所以我们的学生在成长过程中，几乎不曾学习如何检视政见，更不要说学习做出理性的思考和独立的判断。出了社会以后就变成马克·吐温所说的"盲从邻居"的选民了。

　　美国每次总统大选前夕，中学老师都要学生就那年候选人的主要政见，在课堂上做超出党派的辩论。学生必须自己上网找资料，研究中东战争、能源危机、泡沫经济对美国社会的影响。这样的作业做下来，孩子对影响他们未来的因素有所了解，将来可以用选票来导正国家的方向。

　　我们现在的问题是，大部分选民已经习惯跟着媒体起舞，不会自己动脑筋找数据、辨真伪，进行逻辑思考，来检验媒体的报导是否真确，还是背后有人在操作民意。例如前阵子美国爆出狂牛病，美牛可不可以进口成了报纸每天必炒的新闻。很少人知道卫生研究院曾经计算过得到狂牛症的危险性：若是吃不带骨的美国牛肉，感染狂牛症的几率是 100 亿分之 7.18；吃带骨牛肉是 1000 亿分之 2.7，每个人每天要吃 112 公克的美国牛肉，连续吃三万天才会累积到这个几率。我们一般人哪会吃那么多、那么久呢？因此根本不必恐慌。但是我们恐慌了，因为我们没有足够的讯息来判断真伪。

　　所以政治只要廉洁透明，就没什么可怕，毕竟人是群居的动物，无法避开政治。反而是教学生了解政见背后的含义，不要被候选人的"稻草人谬误"误导，才是校长最需要做的。候选人固然不可以到学校拉票，但是他当然可以到校园里运动，我们如果会连这个分际都掌握不住，还谈什么民主呢？

2011 年 8 月 21 日

骗子夺走了我们对人的信任

报载有人要买东西，掏钱时不小心，钱掉在地上，他正弯下腰去捡，后面有人一个箭步，抢上前去，把钱捡了起来，然后跟他要900元的留置金。他不肯给，因为自己并没有"遗失"钱，双方僵持不下，闹到警察来，那人才幸幸然地把钱还给他。

自从高雄某大学女生捡到同学的注册费，向对方要求三成留置金，此事上了报纸后，大家就有样学样。在嘉义，有大学生捡到同学的计算机，不是先还给失主，而是先去店里估价这台计算机值多少钱，然后开口要留置金；一个孩子捡到手机，没有要求留置金，竟被他妈妈打耳光。现在连捡到狗的人都要求留置金，见钱眼开、厚颜无耻的程度令人惊讶。

我小的时候，社会风气很善良，人们总是很高兴接电话、让人借厕所。曾几何时，没人敢接电话了，因为诈骗太猖獗，更不敢让陌生人进门。不知不觉间，我们已经生活在诈骗恐惧之中，每天眼睛一睁开就得很小心，不然就会上当。现在什么东西都有假：喝豆浆不知是不是黄豆粉泡的；吃火锅不知食材是不是塑料合成的；泡温泉不知泉水是不是硫磺粉冒充的；连被人问路都不敢回答，更不要说停车去救人，因为怕被诬赖是肇事者。

骗子骗去的不只是金钱，更夺走了我们对人的信任。大脑喜欢熟悉的东西，例如我们喜欢吃熟悉的食物、买熟悉的产品，因为熟悉代表了信任，大脑在熟悉的环境中，只要花最少的力气就可以过一天，这是演化来的结果，大脑的资源有限，必须节省使用。

在原始社会中，人是利益共同体，需要群体的力量才能生存下去，你必须信任你的同伴会跟你一样努力打猎，你才不必分心去防备他。这是为什么我们被朋友欺骗时，所受的伤害比陌生人大，因为朋友辜负了我们对他的信任。在一个没有信任的社会里生活是很辛苦的，所以现代人愈来愈紧张，精神耗弱者愈来愈多。

"背信"本是最为人不齿的行为，现在不是了。不久以前，检警包机把台湾诈骗集团成员从大陆公安手中押解回来受审。一开始，大家很高兴，以为杀鸡儆猴，诈骗会消声匿迹一点。想不到我们的法官表示，嫌犯犯案时间短，诈骗的财产不多，可以轻判，26个人中，17人被判缓刑，8人获准易科罚金，只有1人被判刑一年。这个新闻令人傻眼，难怪诈骗集团成员听说要被押回台湾地区都很高兴。不知法官大人有没有想过，有多少人被他们害到家破人亡、骗到上吊自杀？判刑这么轻，怎么令受害者和家属甘心？人间的公道在哪里？

相信诈骗集团成员被轻判这个讯息会像索取留置金一样，让年轻人看了想仿效：念书辛苦，还要缴学费，不如去当车手，风险低、利润高、刑度低，即使落网了，以现行不合时宜的有关规定也只能轻判。这种"恶法"不改怎行？希望台湾当局本着良心，赶快"修法"吧！

2011 年 11 月 2 日

好官出走，是人力资源的浪费

报载今年有100多位校长提早退休，8月1日都下任，看到这么多青壮的校长退下来，我心中暗惊。教育领袖养成不易，他们都是从老师、主任，一路考到校长的，累积了这么多年的教育经验，自己的孩子也大了，无后顾之忧，正是可以全心奉献教育、发挥所长的时候，怎么提早退下来了呢？真是人力的浪费。这样大批的换血，对教育是不利的。

这事使我想起在《拼公义，没有好走的路》一书中，杨志良说，自己担任卫生部门负责人时，找不到人来当健保局总经理，最后指定他的学生郑守夏，说："就是你了。"郑守夏当时的感觉是"如被雷击"。初读时，莞尔，再一想，就笑不出来了。学而优则仕，能做官，表示自己的能力被人肯定，应该是高兴的事，很多人钻营一生都还谋求不到这个职位，为什么会用被雷打到来形容那种倒霉无奈的感觉呢？

我们这种官不聊生的情形太严重了，只是没想到连校长也如此。好人、能人不愿出来做事，社会怎么会有前途？杨志良站出来说了真心话：媒体、民意代表和"监察部门"是三大害。那么，害校长做不下去的又是什么？为什么校长会有责无权，权到哪去了？

最近到小学演讲，发现各校的主任都很年轻，甚至有大学刚毕业，就当上教务主任的。校长说，现在行政职务都没人肯做，只好在教师甄试时就讲好，进来就得当组长或主任。

人事年轻化是好，但是不能都是娃娃兵。人生有许多事是书本没法教的，要靠经验，而经验要靠时间去换取，人的生命有限，无法事事从经验中学习。富兰克林说："经验是一所宝贵的学校，可惜愚蠢的人只有从这里才学得到东西。"不想愚蠢就得有人带。尤其处理学生感情上，无心造成的伤害常常难以弥补。

学校一直换校长，校务运作也不良。我有一次千里迢迢去花莲玉里演讲，到了学校，校长表示他刚上任，前一任没有交接这件事，他不知道今天有演讲，害我无功而返。如果校长、老师像走马灯一直换，学生怎么去认同老师，校风又怎么建立得起来？

退休潮最严重的是人力资源的浪费。在 21 世纪，人才是最重要的资源，人才中又以领袖能力最重要也最难培养。前南非总统曼德拉（Nelson Mandela）说："教育是用来改变世界最威猛的武器。"没有了主帅，武器也就无用武之地了。

领袖的能力可以靠后天训练，但是需要时间的历练，慢慢磨去人天生的棱角。老一辈的人晓得"任难任之事，要有力而无气，处难处之人，要有知而无言"，年轻人血气方刚，怎么做得到？

假如我们无法使少年快速老成，有经验的人又迫不及待要退休，教育的危机会像当年因应少子化一样，事到临头，才来裁员、减班、关校，就来不及了。

2011 年 8 月 29 日

别把教授当作贼

我在一本有关医学之父希波克拉底（Hippocrates）的书中看到，当时的希腊，"科学"和"艺术"是同一个字，直到亚里士多德的时期，才把艺术和科学分开。我看了很高兴，因为我一直认为科学和艺术都有直觉的成分，科学是求真的艺术，科学的进步来自典范转移（paradigm shift）：一个因果关系必须在不同的实验室中被复制出来，才能成立。在重复的过程中，典范会慢慢显露出不足，最后被新的典范所取代，科学就又前进了一步。科学绝对不是不容质疑的事实与数据的组合，科学家也不能假装自己无所不知，科学家一定要虚怀若谷，不能拍桌子说"我说了算"。

近年社会一直在谈留住人才，大家的注意力都放在薪资上，好像高薪一定挖得到优秀的科学家来效命。其实，科学家是知识分子，是有所为，有所不为的"士"。因此礼贤下士，对方会为知遇之恩而留下效劳，你以国士待我，我以国士报之。当年薪超过某个数字后，金钱不是那么大的诱因。对一个真正的学者来说，精神上的尊重远大于物质上的诱惑。

现在教授的薪水温饱无虑，缺的是那份尊重。比如说，每次申请研究经费都要填可预见的用途。其实科学上，很多用途是无法立即看到的，科学是从修正错误中进步，它是从已知跨越到未知，所以热情和毅力是科学家必要的条件。成功时常是运气所致，很多科学的发现是无心插柳柳成荫。例如研究木瓜蛋白酵素本来的目的是为了治疗过敏，想不到意外发现这个酵素可以使支撑软骨细胞的基质全部消失，后来被神经外科医生用来治疗椎间盘突出。

又如研究冬眠动物本来对人类没有"可预见"的用途，但是发现冬眠动物只用2%的能源就能维持生命后，现在把冬眠动物的体液打进待移植的器官中，可以延长该器官的生命，一个肾脏摘下来后，本来只有七小时的寿命，但是注射冬眠动物的体液进去后，可延长到四十八小时，就更能找到适合的接受者。所以科学不能急功近利，更不能用繁琐的报账程序去浪费科学家的生命。

我们的制度一向是防弊重于兴利，防弊使教授觉得社会把自己当贼看，甚至处心积虑的比价节省了预算，还要被指为"执行不力"。主事者的时间和精力应该花在兴利上，毕竟社会上坏人少，好人多，兴利是正向的鼓舞力量，会留住人心；防弊会使人才因受挫而离开。明代方孝孺有一诗："曲巷高檐避网罗，朝来饱啄陇头禾，但令四海常丰稔，不嫌人间鼠雀多。"若把眼光放在兴利上，四海丰稔了，国家强盛了，根本不必在乎那些鼠雀之辈。

科学是门艺术，请不要用小人之心和陋规来扼杀创意。

2011 年 10 月 10 日

学习尊重异己

在地铁站看到一个母亲在怒责女儿："你为什么要这样做？你有什么理由？讲啊！你又不是哑吧。"当女儿倔强地转过头去不理人时，母亲大声说："笨得跟聋子一样！"我听到这句，差点跳起来，听障人士并不笨，只是沟通管道跟我们不一样而已，有这种想法太不可思议了。

美国有位很有名的童书作家，他的父母都是听障者，他在自传中写道：当他出生时，大人们都非常紧张，不知他的听力是否正常。在 1933 年，没有什么检查仪器；担任印刷工人的父亲，也没有钱带他去看医生。因此父母双方的亲戚，每个周末都不辞劳苦，转三趟地铁到他们住的布鲁克林，手上拎着各种锅子。当他熟睡时，大人们站在摇篮后面，一声令下，万锅齐发，他从梦中惊醒，大哭。这时祖父母、叔伯阿姨们都丢下锅子，互相拥抱，欢呼："他'还'听得见！"用这个"还"是因为他的父母都是在一两岁时，因高烧失聪，当时信息不发达，不知道高烧跟耳聋有因果关系。大人想："老大也发烧过，他听得见，为什么老二发烧后就听不见了？"因为不知道原因，所以就很担心这孩子长大后也会失聪，就用各种方式，不停地测试孩子的听力，可怜这孩子就在睡梦中，时时被锅子惊醒的情况下，慢慢长大了。

我看到这段时，感到很好笑，又觉得很悲哀。听障者的痛苦我们哪里能体会？听障者听不见孩子的哭声，夜里，母亲便把孩子的脚绑在自己的手上，孩子一有动静，母亲就赶快爬起来喂奶，真是可怜天下父母心。

这位童书作家还说，他父母晚上睡觉不敢锁门，因为万一火灾，他们听不见警铃，若把门锁上，别人不能进来救他们。外出购物时，也因为不会说话，被人以为是智障，备受羞辱。其实听障者的智慧绝对没有那么差，海伦·凯勒就是最好的证明。

在地铁站咆哮的那个母亲，使我深觉台湾人的胸襟和视野太窄了，如果对跟我们同文同种，只是沟通方式不一样的同胞都如此歧视，还奢谈什么世界观？这就难怪我们的雇主会强迫印度尼西亚外劳吃猪肉了，因为他们根本不了解猪在伊斯兰教和犹太教上的意义，他们只考虑荷包："猪肉比牛肉便宜，一样是肉，为什么不可以吃猪肉？"台湾地区时常有虐待外劳的新闻，彼亦人子也，只因肤色宗教不同，就受到非人待遇，这种事真是台湾地区的羞耻。

要有世界观必须先有世界知识，其实最有效的方法是善用媒体，因为台湾人最大的娱乐是看电视，每天花两三个小时在电视机前。当我们的学生把昂山素季当作日本 A 片女优、曼德拉当作星巴克的咖啡时，我们要检讨了。2011 年"指考"的作文题目是《宽与深》，请想一下，我们的世界知识够宽吗？够深吗？媒体负有教育百姓的责任，请不要再报导八卦与绯闻了，多报些世界大事与民生经济吧！

2011 年 10 月 20 日

附录

写给大学生的一封信

先做必要的，再做想做的

亲爱的大学生，你们好：

　　希望你们看到我的名字没有吓一跳，没错，我就是写鸡腿事件的那位老师。不过，不必怕，没有人喜欢说教。今天，我想以一个 40 多年前在台湾地区读大学的过来人的身份，跟各位谈谈人生的一些事。

　　不知各位有没有想过，为什么要进大学？你希望在这四年中，学到什么东西？你可能会回答："进大学是为求知识，为将来出社会做准备。"是的，进大学是要读书，但读书不是人生的目的，人生的目的是成大业，继往开来，使这个世界因为你而更好。读书只是手段，为成大业做准备而已。这个"继往开来"不是口号，是责任。叔本华（Arthur Schopenhauer）说："人生最初的 30 年是世间留给我们的教科书，最后的 30 年是我们为它下的注脚。"承先启后是我们对下一代的责任，任何文明的消失都是对知识分子的耻辱。

　　读书要读自己有兴趣的书，这样才读得进去。达芬奇（Leonardo da Vinci）说："如同强迫喂食对身体不好，强迫读书也不能吸收。"强记的东西背过就忘，所以找出自己兴趣是第一大要事。另外读书一定要理解，理解之后，才会看到这个知识与别的知识之间的关系以及它在整体架构上的位置。当你看到这一点时，你会豁然贯通。这个开窍的快乐难以形容，人世间还没有什么东西比得上，读书读到这个地步就"入门"了。

很多人抱怨没有时间读书。其实这是借口，因为时间是自己找的，端看自己把阅读放在哪个优先级而已。你不妨拿支笔，记录一下你每天看电视、说闲话的时间，就了解为什么莫泊桑（Guy de Maupassant）说："不知有多少能够成大业的人，因为把时间轻轻放过，以致一生默默无闻。"

每个人的一天都是 24 小时，但是魏晋南北朝时，董遇说："读书有三余，夜者日之余，冬者岁之余，阴雨者时之余。"这三者最可以利用来读书。白天忙完了俗事，晚上窝在棉被中读自己喜欢的书，看到眼睛睁不开时自然入睡，是人生一大乐事。张潮在《幽梦影》中说："人生有五福：'有工夫读书谓之福，有力量济人谓之福，学而著述谓之福，无是非刺耳谓之福，有多闻直谅之友谓之福。'"想想看，人生能像达尔文一样，不必为生活奔波，读自己喜欢的书，当然是一大福；有力量济人，表示自己衣食过得去，自然是一福；能著述，表示学有所成，也是一福；无是非刺耳，那是最大福，你们将来入了社会就会发现，人事倾轧是最痛苦的事；若能有像管仲、鲍叔牙或俞伯牙、钟子期那样的知心朋友真是最幸福的事。人有一个知心朋友就不会得忧郁症，有三个知心朋友就快活如神仙了。

另外，不要太在意障碍和缺陷，很多人都以为改正缺点就会变好，其实不然，能换个想法，把阻力变助力才是重要的。人心是自由的，不要用世俗的眼光去束缚它。二次世界大战结束后，各国都在尽力复苏经济，澳洲也不例外。澳洲大陆东面有一层很厚的珊瑚礁，阻挡了商船进来，因此有人建议用黄色炸药把它炸个缺口，好通商。大家都觉得那是唯一的路，幸好有人反过来想：如果把买黄色炸药的钱拿来盖机场，游客坐飞机进来，再租船出去浮潜，不但保留了珊瑚礁，不用破坏环境还能带来商机。这就是现在的"大堡礁"，它是澳洲最吸引观光客的胜地。

所以心念一转，障碍就不再是障碍，阻力就变成助力了。因此人生的态度很重要，一块大石头顶在头上会把人压垮，踩在脚下就成了垫脚石，凡事要乐观、往好的方向看，人生才会快乐。伊壁鸠鲁（Epicurus）说："带来痛苦的不是事件本身，而是我们对事件的看法。"态度决定命运。坊间很多教你如何成功的书都是以钱为标准，以为有钱就是成功，那是错的。成功的定义是有意义、快乐地过一生。

要快乐地过一生，你的良心一定要安，人最怕到了晚年躺在安宁病房受良心的折磨，因为世事很多不能逆转，而悔恨是最痛苦的。所以古人说："宁走十步远，不走一步阴。"无罪以当贵。圣严法师说："心安便是平安，平安便是幸福。"的确如此。

在社会上工作，免不了有谗言，那时，要记得"止谤，无辩也。"毁谤就像白纸染黑墨，不动就不会扩散，愈描反而愈黑。世间事"路遥知马力，日久见人心"，时间自会还你清白。倒是你要慎言，因为祸从口出，出社会后一定要记得"开口神气散，舌动是非生"，不说话，人家不会当你是哑巴。遇到不顺心的事，不必抱怨，福祸本是捻在一起的两根绳子，古人早就告诉过你"福兮祸所伏，祸兮福所倚"，"塞翁失马，焉知非福"。倒是得意时要小心，不能太快意，以免招嫉。要知道"存心怨别人，都是别人错，要得人如我，除非两个我"。要学习不抱怨，抱怨不能解决问题，只会浪费你的力气而已，不抱怨才能看到解决的方式，人要把精力投在对的地方，才能成大事。

最后，我以父亲在我去岛外时告诉我的话作为结束，这句话过了 42 年还是一样好用。父亲说："人不可能样样都要、样样都有，先做完必要做的，再去做你想要做的，就不会有内疚。人生选择的顺序是健康、家庭、事业：没有健康万事皆空，它是第一优先；家庭和事业是家庭优先，因为有家庭，事业可以再起，有事业没有家庭，事业是空的。"

人生的路可以坎坷，也可以平坦，看你的选择。立好志向，掌握住自己的时间，脚踏实地往前走，不要担心起步晚，"有志不在年高，无志空活百岁"。只要努力去做，一定有成功的一天。

敬祝各位
　人生圆满快乐！

洪兰　敬上
2011 年 2 月

图书在版编目（CIP）数据

教育成就未来 / 洪兰著 . — 杭州：浙江大学出版社，
2017. 2
ISBN 978-7-308-15087-3

Ⅰ.①教… Ⅱ.①洪… Ⅲ.①教育—文集 Ⅳ.
①G4-53

中国版本图书馆CIP数据核字（2015）第205605号

本书中文简体版由作者授权出版。

教育成就未来

洪兰 著

责任编辑	王志毅
文字编辑	张 扬
装帧设计	王小阳
出版发行	浙江大学出版社
	（杭州天目山路148号 邮政编码310007）
	（网址：http:// www.zjupress.com）
制 作	北京大观世纪文化传媒有限公司
印 刷	北京中科印刷有限公司
开 本	880mm×1230mm 1/32
印 张	6.75
字 数	205千
版 印 次	2017年2月第1版 2017年2月第1次印刷
书 号	ISBN 978-7-308-15087-3
定 价	42.00元